MA MÈRE ET GAINSBOURG

De la même auteure :

Dessins à la plume, Hurtubise HMH, 1979.
Histoires entre quatre murs, Hurtubise HMH, 1981.
L'autre, l'une (en collaboration avec Suzanne Robert), Le Roseau, 1987.
Dernier accrochage, XYZ éditeur, 1990.
La vie passe comme une étoile filante : faites un vœu, L'instant même, 1993.

DIANE-MONIQUE DAVIAU

Ma mère et Gainsbourg

récit

L'instant même

Maquette de la couverture : Isabelle Robichaud

Illustration de la couverture : Gernot Nebel, *Koan*, 1997
Acrylique sur bois, 43 × 28 cm

Photocomposition : CompoMagny enr.

Distribution pour le Québec : Diffusion Dimedia
539, boulevard Lebeau
Saint-Laurent (Québec) H4N 1S2
Pour la France : D.E.Q.
30, rue Gay-Lussac
75005 Paris

Dépôt légal – 2ᵉ trimestre 1999

Données de catalogage avant publication (Canada)

Daviau, Diane-Monique, 1951-

    Ma mère et Gainsbourg

    ISBN 2-89502-124-4

    I. Titre.

PS8557.A72M3 1999   C843'.54   C99-940374-5
PS9557.A72M3 1999
PQ3919.2.D38M3 1999

L'instant même reçoit pour son programme de publication l'aide du Conseil des Arts du Canada et celle de la Société de développement des entreprises culturelles du Québec. Nous reconnaissons l'aide financière du gouvernement du Canada par l'entremise du Programme d'aide au développement de l'industrie de l'édition (PADIÉ) pour nos activités d'édition.

à Lou, Aude, Lucile

Sa présence est à l'origine de ma vie,
mais c'est son absence qui me définit.

Hope EDELMAN,
La mort d'une mère.

ELLE N'EXISTE PLUS DU TOUT.

Et – au fond – il n'y a absolument rien d'autre à dire à ce sujet.

Ils ont d'ailleurs tranché la question une fois pour toutes : « Faut tourner la page », « C'est la vie » et « Les vivants avec les vivants, les morts avec les morts ».

Plein de bon sens. Je fais oui avec la tête. Ma foi, pas de quoi en faire un drame. Des mères, il en meurt à longueur de journée. Alors, la mienne de plus ou de moins...

Sauf que.

Sauf que dans mes rêves (qui sont par le fait même des cauchemars), elle n'est pas morte. C'est-à-dire : ce n'est pas vrai qu'elle est morte. Ou, pour être plus précise : après avoir été morte, autopsiée, embaumée, exposée pendant trois jours, trimballée à l'église dans une caisse de bois, couvercle refermé à jamais, abandonnée dans la neige, la poudrerie et le froid lunaire d'un mars impitoyable, enterrée quand la terre fut enfin fossoyable, monumentée pour toujours de granit gravé à son nom, voilà que, contre toute logique, ma mère décédée un dimanche de mars en fin d'après-midi n'est plus morte.

Dans mes rêves, elle est là, intacte, et je ne comprends plus rien à rien et je m'abîme la raison à essayer de comprendre.

Dans mes rêves, qui ne sont pas des rêves mais des cauchemars, ma mère déclarée morte par on ne sait quelle méprise, encore vivante lors de l'autopsie, lors de l'embaumement, encore vivante lorsqu'on l'a enfermée dans une caisse, ma mère

11

enterrée vivante a survécu à tout cela, a réussi à s'extirper du cercueil, à se creuser un chemin dans la terre et à remonter à la surface. Elle a marché, seule, pieds nus dans la tourmente d'un hiver qui n'en finit plus, avec pour seul vêtement sa robe de mousseline si légère, sa jolie robe lilas presque bleue dans laquelle mon père, parce que ma mère l'avait achetée à l'occasion d'un de leurs anniversaires de mariage, a tenu à ce qu'elle soit enterrée. Et maintenant, elle est là, elle est de retour, elle est debout dans son salon qu'elle ne reconnaît pas puisqu'on l'a dévasté, puisqu'en sa courte absence on l'a déjà dépouillée de tous ses biens, elle se tient debout dans son salon, son regard est triste et va s'emplir de reproches, car je vais devoir le lui annoncer : nous avons donné toutes ses choses, les objets qu'elle aimait, qui lui tenaient tant à cœur, les objets accumulés au cours de toute une vie, nous les avons distribués, semés aux quatre vents, même ses vêtements, nous les avons mis dans de grands sacs-poubelles et donnés à ceux qui les voulaient. Et maintenant, elle revient et n'a plus rien, pas même une paire de chaussures, pas même une chemise de nuit, pas même un mouchoir. Comment lui expliquer cela ? Comment faire ?

Rien de tout cela, ma mère qui pleure, ma mère qui souffre, ma mère qui meurt, ma mère qui meurt la première et si tôt, rien de ce qu'on m'a raconté, rien de ce que j'ai vu de mes yeux vu ne faisait partie du Scénario, le grand scénario qu'on se fabrique, sans même s'en rendre compte, dès l'enfance. Ma mère devait mourir très vieille, très malade, après des mois d'arrachement à la vie, des mois à s'accrocher à chacun de nous, à dépendre de nous, à nous tourmenter, nous déchirer en millions de minuscules parcelles.

Et puis, le jour où ma mère allait mourir, je devais être là, c'était l'évidence même, chaque page du scénario me l'indiquait pourtant, je me trouvais auprès d'elle, tout près, et c'était ma main à moi qui tenait la sienne, doucement, fermement, ma main qui épongeait son front moite, ma main qui essuyait ses larmes si des larmes elle versait, c'était contre mon épaule à moi qu'elle laissait retomber sa tête, qu'elle appuyait sa tempe.

Elle était là le jour où je suis née ; ne fallait-il pas que le jour où elle mourrait je sois là – *si jamais* elle mourait ?

Ma mère nous a quittés en quelques heures, encore jeune, mon père n'était pas parti le premier comme le font presque toujours les maris, elle a succombé à la seule chose pour laquelle elle n'avait jamais consulté aucun médecin, et je n'étais pas près d'elle lorsqu'on l'a transportée à l'hôpital. J'étais dans la même ville, mais j'étais loin, très loin d'elle. Elle n'a pas demandé à me voir.

Elle n'a pas demandé que je sois là. Elle n'a pas demandé à me parler. Elle n'a demandé personne, d'ailleurs. Elle est morte seule. Peut-être n'a-t-elle même pas su qu'elle s'en allait.

Ils l'ont débranchée, autopsiée, embaumée, couchée dans un cercueil.

Dans son cercueil, je l'ai regardée le mieux possible, le plus longtemps possible, aussi intensément qu'il m'était possible de le faire. Depuis, je n'ai qu'à fermer les yeux et je la vois, je revois ma mère allongée dans son cercueil encore ouvert, je la vois clairement, comme si elle reposait à l'intérieur de ma tête, je revois la minuscule parcelle de peau sèche au milieu de la lèvre inférieure, je revois le cheveu blanc, encore un peu argenté par endroits, qui s'était détaché du cuir chevelu, qui ressortait de l'épaisse tignasse, qui avait fini par tomber sur son épaule droite et que je n'ai osé prendre entre mes doigts, pour l'enlever, qu'au matin des funérailles.

13

Le troisième jour, ils ont refermé sur ma mère le couvercle de la caisse de bois, et d'un coup elle a disparu.

Ils ont refermé le couvercle du cercueil, et ma mère a été morte pour de bon. Pour toujours.

Ma mère aux doigts de rose dans son cercueil. Ma tante qui dit : « Jamais ses ongles n'ont été si beaux. » Moi, je reconnais si peu ma mère. Ces ongles ne sont pas les siens. Ni ces lèvres qu'on a badigeonnées de rose tendre – qui va pourtant si bien avec ses cheveux gris. Ma mère, lorsqu'elle vivait, ne peignait que très rarement ses lèvres, mais alors, comme au temps de sa jeunesse incroyable, elle choisissait le rouge. Vif.

Ses paupières non plus, je ne les reconnais pas. Jamais encore je n'ai connu les yeux de ma mère fermés à tout jamais. Les yeux de ma mère fermés sur autre chose que le sommeil, le bon sommeil, dont elle s'éveillera tout à l'heure en sursaut, le regard fripé, perdue, parce qu'elle s'est endormie dans son fauteuil devant la télé allumée. « Je me suis endormie », disait-elle chaque fois, « je suis fatiguée », ajoutait-elle, honteuse d'avoir été ainsi surprise en état de paresse, « je dormais dur. J'étais rendue loin, loin. Il est quelle heure, là ? », disait-elle, presque paniquée, comme s'il pouvait être *vraiment* tard, affreusement tard, honteusement tard. Comme si on pouvait lui reprocher d'avoir encore dormi, de ne faire que ça, dormir. Comme si elle pouvait avoir raté quelque chose d'important. (Qu'est-ce qui était important pour toi, maman, dans la vie ?)

« Il est quelle heure, là ? »

C'est ma mère qui se réveille, elle plisse les yeux, elle est perdue, elle a dormi longtemps, et maintenant elle va s'étirer un peu et se redresser et dans quelques instants elle sera à nouveau pleine de vie.

14

Tant qu'elle est encore là, couchée dans son cercueil, elle est encore parmi nous, et de loin on dirait *vraiment* qu'elle dort, tout simplement.

Mais elle ne dort pas.

Malgré la tante religieuse qui ouvre les bras comme une Vierge Marie et clame « Maman n'est pas morte, elle est vivante », malgré l'oncle prêtre qui essaie de nous convaincre qu'elle *repose* simplement « dans la plénitude de sa vie », malgré l'impression que j'ai souvent, lorsque je la regarde du coin de l'œil, qu'elle bouge, parfois... quelque chose bouge... sa paupière droite ? l'index de sa main droite qu'ils ont posée par-dessus sa main gauche un peu bleuie ? ou est-ce sa poitrine qui à deux ou trois reprises s'est soulevée légèrement ? Malgré ce léger mouvement qui capte mon regard de biais et me fait me retourner brusquement vers elle, je sais qu'elle ne dort pas. Elle ne dort plus, ne dormira plus jamais, elle que la peur empêchait si souvent de se laisser glisser dans le sommeil. Elle qui aimait danser, voyager, elle ne marchera plus. Plus de danses, plus de pays étrangers, plus de promenades pour elle. Et moi je devrais continuer à fouler la terre de mes pieds pleins de vie ?

Mes premiers pas et les premiers mots de ma vie.

De l'autre côté de la fenêtre, la neige et le vent. Le froid, les rafales. De ce côté-ci, le chaud des bras de ma mère. Je l'imagine mais je n'en garde aucun souvenir, aucune trace en moi. C'était sur une tout autre planète, si loin que ça ressemble à une autre vie. Je ne sais même pas si cela a vraiment existé. On rêve tant de choses, on se figure tant de caresses qui n'ont au fond jamais eu lieu.

Mais si j'ai prononcé un jour des mots pour la première fois, marché un jour pour la première fois en tenant ou lâchant la main de ma mère, dehors c'était l'hiver et à l'intérieur il faisait chaud, ma mère allait et venait dans sa jeunesse folle et inimaginable, elle avait coupé ses cheveux depuis un bon moment déjà, possédait une radio couleur beurre, un manteau de fourrure, quelques vêtements pour tous les temps de l'année, des souliers à talons hauts dont elle était fière, une table et un vaisselier en formica gris marbré de blanc, cinq chaises recouvertes de cuirette dont une berçante, un miroir, un lit, quelques commodes, un peu de literie, un panier à linge sale, trois petites tables, un cendrier sur pied, une aquarelle, une étagère et quelques livres dessus, une couchette d'enfant, une chaise haute et un landau, une cuisinière à gaz et une glacière, quelques lampes, des bibelots (un ours polaire imitation marbre – une maman ourse ? –, une panthère noire en céramique), de la vaisselle et des ustensiles, un fer à repasser (et peut-être aussi une planche ?), deux fauteuils, une montre Bulova très délicate ornée de minuscules diamants, quelques bijoux de pacotille, un collier de pierres du Rhin, des alliances en or, un jeu de cartes, une paire de patins à glace, des skis vétustes qu'elle ne chaussera jamais plus – et toutes sortes de souvenirs. Quand j'ai commencé à parler, à marcher, ma mère avait déjà enterré un premier enfant, en avait perdu un deuxième et ignorait encore qu'elle allait l'année suivante en mettre un autre au monde qui mourrait à son tour.

Diane, bébé Marie, Pierre-Claude, la revanche des envolés, les retrouvailles des trop tôt séparés : ma mère aux doigts de rose dans son cercueil tend les mains vers ses trois petits anges. Ceux qui restent renonceraient volontiers à leurs misérables pieds pleins de vie pour avoir des ailes, eux aussi. (Je suis *tous* ceux-là. Ceux qui restent. Je suis toutes les peines du monde réunies. Je suis tous ceux qui n'ont pas devant les yeux, maman, tes bras tendus vers eux.)

16

Tant qu'elle est allongée là, dans ce coffre de bois, les mains posées l'une sur l'autre, toute raide et froide, les yeux fermés et les lèvres cousues, je ne peux chasser cette idée qui revient comme une folle obsession : me glisser près d'elle dans son cercueil, m'allonger à ses côtés, le visage tourné vers son visage, mon bras gauche sous ses épaules, mon bras droit autour de son cou, ma tête épuisée appuyée contre sa tête épuisée, et le couvercle se referme dès que je la tiens solidement dans mes bras. Je voudrais la réchauffer. Je voudrais la prendre encore dans mes bras, une dernière fois la serrer dans mes bras, une dernière fois me blottir contre elle et qu'on referme sur nous ce qui doit être refermé, sur nous et non pas sur elle seule, pour la protéger, pour la rassurer, pour ne pas l'abandonner à cet horrible sort qui est le sien. Pour ne pas la perdre, surtout. La perdre entièrement, la perdre pour toujours. D'un seul coup pour toujours. Je voudrais partir avec elle.

Petite mousseline lilas presque bleue.

Trois jours durant, comme un délire, cette pensée m'habite : partir avec elle, qui n'est plus simplement ma mère, qui est bien davantage désormais, elle mon cœur, ma malchanceuse, l'objet de ma pitié et de mon pardon et de mon amour enfin, ma vaincue, ma dépouillée de tout, pâle dépouille enveloppée de mousseline, ma branche de lilas, ma douce enfin, mon rien léger et flétri, mon rien chéri abandonné à nos mains, nos yeux, nos yeux et nos mains seulement, et nos larmes. Nous n'avons pas, je n'ai pas le droit de glisser mes bras sous sa nuque et de soulever un peu son corps, un tout petit peu pour doucement le presser contre nos poitrines (la mienne), pour un bref moment de déploration et de consolation, enlacer ma mère, mon endormie, ma rêveuse, ma presque souriante désormais, ma toute calme, ma tranquille à jamais, ma patiente, ma paisible, ma belle pacifiée, ma reposée, ma sans souci, ma soulagée, ma sereine pour l'éternité, ma reine de rien, partir ensemble.

Mais le troisième jour, ils ont refermé le couvercle du cercueil.

M'a échappé d'un coup le pays des ocres et des bleus presque lilas vers lequel, depuis toujours, je tendais les bras.

*   *   *

Le bouquet de pinceaux s'épanouit dans un pot de verre qui a déjà contenu des confitures de coings. Tout à l'heure, je vais refermer le couvercle sur les minuscules tubes d'aquarelle achetés un à un au fil des semaines. Aujourd'hui, j'ai découvert que le bleu que j'aime depuis toujours, que j'aime presque d'amour, contient une touche de rose. Bleu indigo, une pointe de rouge dans le blanc de Chine, et la souffrance, la douleur lancinante qui a poussé, qui pousse encore ma main à mélanger cette substance crémeuse, à brasser et brasser, avec ce mouvement du poignet jailli tout droit de mes souvenirs d'enfance : maman n'arrête pas de tourner la cuillère, et la bouillie remplit la bouche et fait de la chaleur quand elle glisse à l'intérieur du corps... Au mur, un petit tableau. Quelque chose de bleu. Un chemin qui y mène tout droit. Le chemin était jaune, je m'en souviens très bien.

Dans mes rêves, ma mère dit que la beauté du ciel est « irréversible ».

Mon pinceau ne s'arrête plus. Je voudrais me liquéfier, me perdre dans les fibres du papier, me laisser absorber, avaler, aspirer.

Ma mère et Gainsbourg

Que peut-on contre l'éclat du ciel ?
La beauté du ciel est irréversible.
La beauté du ciel est irrésistible.

Aux prises avec la fin, je cherche désespérément un début. Un point où cela aurait du sens de laisser les choses défiler dans ma tête, sous mes doigts, sur du papier. Mais toujours il me faut remonter plus loin.

D'abord, je me dis que le vrai commencement de la fin, c'est ce moment épouvantable où on a refermé sur ma mère le couvercle de cette caisse de bois. Il me semble que la grande déchirure s'est produite à ce moment, que tout s'est alors brisé en moi avec une violence inouïe.

Je reste longtemps accrochée à cette image, ce grand moment de disparition.

Puis je me rappelle l'instant où, au salon funéraire, j'ai été la première de notre trio d'éprouvés à repérer l'endroit où l'on avait exposé le corps de ma mère, la première à l'apercevoir, de loin – tandis que j'entendais derrière moi le rire idiot d'un oncle saluant mon père comme si c'était le jour de l'An –, la première à pénétrer dans la pièce, à me diriger vers le cercueil pendant que ma sœur comprenait soudain vers quoi je marchais comme une somnambule, pendant que je voyais ma sœur m'emboîter le pas, voyais son visage se décomposer et l'entendais laisser échapper un « Ah ! mon Dieu ! » faible et plein d'affliction.

Le corps de ma mère étendu dans un cercueil. Aperçu de loin. Reconnu. Moment que j'anticipais, appréhendais depuis deux longues journées. Tout allait devenir vrai : je n'avais pas rêvé, on ne m'avait pas raconté d'histoires, ma mère couchée dans une boîte confirmait la petite phrase de ma sœur au téléphone, deux jours plus tôt, les mots qui m'avaient fait chavirer... Pour la première fois ? Était-ce bien là le début de la fin, ce moment à partir duquel tout se bouscule, s'embrouille, le point qu'il faut retrouver pour parler de la disparition de sa mère ?

Pourquoi ai-je le sentiment qu'il me faut remonter plus loin encore pour trouver le moment où ma mère, ma mère à moi a été pour moi perdue à tout jamais ?

Quand elle se réveillait en sursaut devant la télé allumée et demandait, quasi paniquée, quelle heure il était, je ne pouvais m'empêcher de penser : elle s'affole comme si elle avait peur d'avoir raté quelque chose d'important. Mais trois secondes plus tard, c'était la télécommande qu'elle empoignait, c'est sur l'horaire télé qu'elle se précipitait. Et moi je rêvais qu'elle avait conscience, tout à coup, d'avoir raté un rendez-vous avec la vie. Un petit moment de tendresse, par exemple. Avec moi, par exemple.

Elle disait : « Quand je vais mourir, vous allez être surpris. »

Non, ce n'était pas tout à fait ça, elle disait très exactement : « Quand je vais mourir, les gens vont être surpris. » Elle le disait surtout lorsqu'elle n'arrivait pas à avoir le dernier mot, lorsqu'on la prenait en flagrant délit d'hystérie, de contradiction, de mauvaise foi ou d'erreur qu'elle refusait évidemment d'admettre. Elle se fâchait alors, se tenait la tête, le cœur ou une jambe, prétendait qu'on allait la faire mourir, haletait en disant qu'elle étouffait ou se mettait à pleurer en tournant ses pieds vers l'intérieur, et très souvent elle laissait tomber – du bout des lèvres, comme si elle ne la formulait que pour elle-même – cette petite phrase que je trouvais infiniment perverse et qui était censée clore toute discussion : « Quand je vais mourir, les gens vont être surpris. » (« Ça fait rien. Vous allez voir. Quand je vais mourir, vous allez être surpris. ») Et, comme pour river le clou, elle ajoutait parfois : « Mais il va être trop tard. »

Les premières fois, j'ai secoué la tête, soupiré.

Raffinement suprême de la manipulation et du chantage, cette phrase m'a exaspérée pendant des années. Facile de creuser une fosse de mystère autour de soi, pensais-je chaque fois, surtout avec des propos de ce genre-là : quand je vais mourir, vous allez découvrir quelque chose d'absolument inimaginable à mon sujet, et ce secret si bien gardé, si bien gardé même quand tout semblait me donner tort, si bien gardé des milliers de fois, ce secret que vous allez découvrir à ma mort vous fera tout comprendre d'un seul coup – que j'avais raison de faire un scandale chaque fois qu'on m'a mal servie dans un restaurant, un magasin, à la banque, que j'avais raison d'être furieuse la fois où... et chaque fois que... – et d'ici là j'ai raison, puisque tout ne se dénouera qu'à ma mort, et vous allez voir, vous aurez des remords à ne plus savoir qu'en faire, mais il sera trop tard, *trop tard*, c'est de mon vivant qu'il fallait me *donner* raison, me concéder toute la place que je réclamais, me laisser avoir le dernier mot, ravaler vos arguments et vos plaintes et vos revendications, fermer les yeux sur tout-tout-tout et baisser la tête devant moi.

Facile, tout le monde peut creuser des tranchées de mystère autour de soi, surtout avec des phrases comme celle-là : « Quand je vais mourir, vous allez être surpris de découvrir ce que vous allez découvrir... » Découvrir quoi, grands dieux, elle qui n'avait même pas « d'enfants illégitimes » et qui le déplorait et qui revenait si souvent là-dessus ces dernières années – depuis, en fait, qu'on entendait parler du mouvement *Retrouvailles* –, ô la douleur de ma mère lorsqu'elle voyait à la télé un enfant retrouver sa génitrice, ô la tristesse et l'envie, le regret et la souffrance qu'on lisait dans ses yeux lorsque devant ce spectacle elle laissait échapper : « Si j'avais eu un enfant avant mon mariage et si je l'avais abandonné, aujourd'hui je pourrais le chercher et espérer le retrouver... » Et puis : « Un jour, il se tiendrait devant la porte et dirait : "Il paraît que je suis votre enfant" ou "On m'a dit que vous seriez ma mère", et ce serait formidable, je lui confirmerais que ce qu'il a entendu dire est vrai... Mais ça peut pas m'arriver... Ça doit être formidable de retrouver son enfant ou sa mère... Ou une nièce... au moins une nièce qui a été abandonnée à la naissance et qui réapparaît, un neveu, une nièce... et dire que ma propre sœur pourrait faire des démarches... J'aurais une nouvelle nièce, un neveu, peut-être, ça doit être extraordinaire, je connaîtrai jamais ça, j'aurais tellement aimé une histoire extraordinaire comme ça, un grand secret... »

Quel mystère la mort de ma mère aurait-elle bien pu nous révéler, une mère qui n'avait même pas d'enfant inconnu, quel secret faire éclater au grand jour, un secret plus grand que celui d'avoir eu un enfant dont personne n'aurait entendu parler, un secret qui aurait enfin éclairé tous les comportements excessifs de ma mère, qui aurait en fait expliqué, du moins à ses yeux, expliqué et justifié *toute sa vie* ?

Pendant des années, tout cela m'a vivement irritée, le désir frénétique d'enfants inconnus à connaître (alors que nous lui restions si profondément étrangers), les allusions-menaces concernant un quelconque secret qu'on découvrirait le soir de sa mort et qui nous ferait battre notre coulpe à tout jamais et *trop tard*.

Mais elle reprenait tellement toujours la même formule, avec une insistance et une conviction si troublantes, avec une assurance tout à fait déroutante, à la longue... Presque quotidiennement, à tout moment, à tout venant, pendant des années et des années j'ai entendu la célèbre phrase de ma mère prononcée constamment sur le même ton, avec la même voix pleine de reproche et d'amertume, avec le même air buté, déçu, renfrogné et menaçant, et avec le temps j'ai bel et bien fini par laisser s'infiltrer en moi l'idée qu'il y aurait peut-être, après tout, quelque chose de surprenant que nous apprendrions au sujet de cette femme... après sa mort... ou *au moment* de sa mort... ne disait-elle pas « quand je vais mourir » et non « quand je serai morte » ?

Pas une histoire d'enfant inconnu, bien sûr, mais quelque chose d'assez étonnant quand même, un fait la concernant, oui, mais peut-être quelque chose qui aurait à voir avec ses parents ou, qui sait, peut-être même avec nous, ses enfants, mais il fallait alors que cette chose soit inconnue de mon père aussi. Alors de quelle sorte de secret pouvait-il bien s'agir, quelle folle histoire allions-nous apprendre au soir de la mort de ma mère, je me le demandais chaque fois que revenaient les mots : « En tout cas... Quand je vais mourir... »

Mais ma mère était faite pour vivre une centaine d'années, quatre-vingt-dix au moins, et alors moi je serais sûrement déjà disparue, et je ne serais jamais « surprise » par ce que la mort de cette femme allait nous révéler. C'est ce que je me disais pour me rassurer quand me venait à l'esprit que la surprise pourrait bien être une révélation du genre : « Au fond, je ne vous ai jamais aimés, aucun de vous... » ou « Il aurait suffi que vous m'aimiez juste un petit peu mieux, vous que j'ai tant aimés ! »...

Ma mère est décédée au beau milieu de la soixantaine. Elle est morte en quelques heures. Avant de mourir, elle n'a fait aucune révélation à qui que ce soit.

Comme un limier, j'ai cherché, j'ai fouillé, j'ai passé au peigne fin des boîtes et des boîtes de paperasse, des lettres et des brouillons de lettres, des photos, des montagnes de coupures de journaux, des bouts de calepins, j'ai feuilleté les livres qu'elle possédait, tourné des pages et des pages, inspecté des sacs à main et des porte-documents, secoué des portefeuilles et plongé la main dans des poches de manteaux, j'ai lu tout ce qu'il y avait à déchiffrer, des recettes, des blagues et des adresses notées sur des serviettes en papier, des paroles de chansons à l'endos de circulaires ou de feuilles de calendriers, j'ai décrypté des noms et des numéros de téléphone griffonnés sur des morceaux de paquets de cigarettes ou à l'intérieur de pochettes d'allumettes, je ne me suis pas fiée aux étiquettes qui annonçaient Ricet Barrier ou Édith Piaf et j'ai écouté les cassettes audio et visionné les cassettes vidéo. Nulle part je n'ai trouvé trace de quoi que ce soit d'étonnant. Nul journal intime. Pas un seul de ces petits carnets noirs qui fascinaient tant ma mère et à propos desquels elle affirmait, chaque fois qu'elle entendait quelqu'un parler de secrets notés dans un calepin de ce genre : « C'est toujours dans un petit carnet noir que les gens écrivent ces choses-là, je me demande pourquoi... »

J'ai eu beau m'arracher les yeux, je n'ai rien trouvé, absolument rien, nulle part.

Ça fait un bon moment, maintenant, qu'elle est partie comme ça, sans laisser de traces, et je suis toujours aussi stupéfaite. Personne ne parle d'elle, personne ne raconte d'anecdotes à son sujet, aucun bruit n'a couru, rien. Non seulement il n'y a toujours pas de révélations, mais autour de moi on ne prononce même pas son nom. Je n'en reviens pas et je crois que je n'en reviendrai jamais : elle qui prenait tant d'espace, qui revendiquait toujours la première place, c'est bien simple, c'est comme si elle n'avait jamais existé.

Je cherche.

Je cherche en moi.

Je cherche dans mes souvenirs.

Je cherche des traces, je cherche des indices, je cherche des raisons.

Je regarde loin en arrière, je cherche ce qu'il y a eu il y a très longtemps, pendant l'enfance, et qui sera une si grande perte que j'en aimerai ma mère davantage.

Je cherche les moments merveilleux de mon enfance, les heures de tendresse, les moments de complicité.

Je remonte le temps et fouille ma mémoire. Fouille avec la minutie et la ténacité d'un archéologue.

Ne trouve rien.

Rien ne me manque de mon enfance. Seule me manque cette enfance que je n'ai pas eue, seule me manque la mère que j'espérais en dedans de ma mère. C'est peut-être ce qui fait le plus souffrir : que ma mère n'ait à peu près pas laissé de traces dans ma vie, de souvenirs heureux pour la mémoire.

Pas simple, la vie ? Très simple, au contraire.

Ce qui est terrible, dans la vie, c'est *simplement* qu'on ne peut jamais revenir en arrière. On ne peut rien changer à ce qui a été. On ne peut rien reprendre de ce qui a été donné. On ne peut recevoir après coup ce qui a toujours été refusé, retenu. Rien enlever à ce qui a été prononcé. Rien ajouter à ce qui a été tu. Rien avoir dans l'oreille qui n'ait été dit au moment où il fallait le dire. *That's life, my dear,* disait-elle.

Pour continuer à avancer, les grands abandonnés essaient toutes sortes de choses. Chacun a son truc. Mais on le voit souvent mieux *après*. Après, les subterfuges émergent, parce que après, l'intensité de l'absence laisse apparaître une autre sorte d'absence, plus ancienne, qui dispose maintenant de tout l'espace nécessaire pour s'épanouir et qui se met à fleurir soudain comme de la moisissure.

Pour avancer, pendant des mois – pendant des mois, des mois et des mois –, je me suis dit qu'il vaut mieux être un âne qu'un chien et j'ai fait comme si j'étais un âne, j'ai attaché partout des carottes à des bouts de corde que j'ai laissé pendre à des bâtons et j'ai demandé à quelque chose en moi de tenir ces bouts de bois au-dessus de ma tête pour que je puisse voir sans cesse ce qui pouvait m'inciter à faire un pas de plus dans le sens de la vie.
Au bout de chaque phrase, je mets ce qui n'a pas existé et je le laisse se balancer devant mes yeux : les mots doux de ma mère, les caresses de ma mère, l'attention de ma mère, la patience de ma mère, la confiance de ma mère, le soutien de ma mère, l'indulgence de ma mère, la générosité de ma mère, la gaieté de ma mère. Au bout de chaque phrase, vivant comme un rêve, vibrant comme un souhait : le regard de ma mère. Mes désirs exaucés.

Je la forcerais d'abord à rire, voilà ce que je ferais, « si c'était à refaire ».

Je la forcerais à rire.

Je m'entêterais, je m'obstinerais, je serais impitoyable, je la casserais comme elle nous a brisés en s'emmurant dans sa froideur, je casserais son regard dur, sa voix dure, son malheur qui durait et qui durait.

Ce qui me semblait fou, impossible, de son vivant, j'aurais dû le faire malgré tout. J'aurais dû, par exemple, la contraindre à sortir de son mutisme, la sortir de force de ce silence plein de rejets. Pour cela, il aurait fallu – formidable paradoxe – un très grand détachement, jouer purement et simplement *le jeu*, être capable d'être celle qui, simplement, sauve l'autre, l'arrache à la mort, la remonte à la surface – de force. Et en courant le risque d'être encore plus profondément blessée parce que très explicitement rejetée dans mon ultime tentative.

Il aurait fallu que je puisse, ces fois où elle s'enferrait dans ce qui ressemblait à un grand dégoût de nous (un dégoût de tout, nous englobant, nous aussi, tous), la saisir par les deux bras (tout mon corps se contracte rien que d'y penser), tirer très fort, arriver à la faire se lever de ce fauteuil-trône où elle s'étio-lait, que je réussisse à la mettre debout, qu'en un éclair j'at-trape ses mains et les tienne serrées dans les miennes (mes poings se ferment sur le vide, se crispent tant que mes jointures blanchissent, ma mâchoire se serre, mes dents vont se broyer tellement je suis hors de moi, je ne me possède plus de l'avoir

29

laissée m'échapper, mais qui donc se possède s'il ne l'a possédée, Elle, au moins un tout petit peu ?).

Je tiens ses mains résolument serrées dans les miennes, j'y mets toute la force dont je dispose, toute l'énergie, celle du désespoir, toute la violence dont je suis capable, toute la faim que j'ai de son amour, et alors je fais le grand saut dans l'impossible, l'inimaginable : je rapproche mon corps du sien – puisqu'elle ne rapprochera jamais le sien du mien –, et à la vitesse de l'éclair, pour qu'elle ne voie rien venir et n'ait pas le temps de reculer, de refuser, je lâche les mains de ma mère pour pouvoir enserrer tout son corps de mes bras, et ma mère, prisonnière de mes bras aussi forts qu'un étau, plus forts que le malheur qui la retenait, ma mère ne peut plus se défendre et rester dure et froide et insensible et totalement indifférente, presque absente, je la tiens fermement serrée contre moi et couvre son visage de baisers sonores, fais résonner des bisous dans son cou, fais résonner, comme si elle était un bébé – car elle voudrait être un bébé, car elle *est* un bébé – je fais résonner des baisers comme on le fait dans le cou des bébés pour qu'ils rient, pour qu'ils éclatent d'un rire qui nous va droit au cœur et qu'on voudrait ne jamais cesser d'entendre.

Elle se rebiffe, elle proteste, elle ne veut pas que craque sa carapace, mais moi je veux et ne lâche pas ma mère même si elle regimbe et s'interdit encore de se laisser aller et de rire de bon cœur.

Elle se rebiffe mais je suis tenace, ma tête est encore plus dure que la sienne, et je vais gagner, elle va laisser exploser de petits éclats comme de la pierraille minuscule, à peine plus gros que des grains de sable, peut-être, mais ce sont des grains de sable dans l'engrenage et, à cause de cela, ils sont merveilleux, ils contrecarrent tout, ils font tout éclater en bloquant la machine, ils brisent la chaîne infernale et le cercle vicieux, et je laisse dégouliner, couler cette pluie de pierraille dans mon cœur, éclats de rire de ma mère vivante et aimante, petits riens que je garde précieusement, que – sans le savoir – j'enfile pour plus tard, pour quand elle ne sera plus, ma mère : j'enroulerai autour de mon cou les perles de tendresse dont ma mère m'a fait cadeau et je me consolerai, avec cela, de son départ, de son absence.

Tous les matins, désormais, je pars pour le pays étale.
Comme une mer avalée par l'horizon.

*   *   *

Je ne comprends pas du tout qu'on dise : « Avec le temps,
on s'habitue. Le temps arrange les choses. »

Le temps empire les choses.

Je ne comprends vraiment pas qu'ils disent : « Peu à peu,
on s'habitue à l'absence. » Comment s'habituerait-on à ce qui
n'existe pas encore ? Car au début, il n'y a *pas* d'absence. Un
arrachement, peut-être, un déchirement, bien sûr. Mais cela n'a
rien à voir avec l'absence, rien du tout.

Au contraire.

Au contraire, il s'agit au début d'une intense, d'une terrible
présence, sans limites, sans fond, un abîme de présence dans
lequel on tombe et tombe et tombe pendant des semaines et
des mois et, parfois, des années.

Qui dit, après s'être fait arracher une dent : « Ma dent me
manque » ou « Désormais, il faudra vivre sans cette dent » ?
Celui à qui on vient d'enlever cette part de soi pleure qu'il a
mal, a la bouche pleine de ce mal, pleine de ce cratère géant,
pleine de toutes ces montagnes que forme autour du trou béant
toute la chair ouverte, déchirée, remuée, bourrelée, douloureuse,
la bouche pleine de petits caillots et de filets de sang, pleine de
cette langue qui ne peut s'empêcher de tâter la blessure, d'en

faire le tour et, de temps à autre, de fouiller le lieu de la dévas-
tation, comme pour mesurer l'ampleur du désastre. Et puis, il
faut décider quoi manger et il faut essayer de manger avec, dans
la bouche, toute cette chair blessée et cette douleur, et puis il
faut dormir avec tout ça, le cratère, les filets de sang, le petit
élancement dans l'oreille, la faim qui tenaille un peu parce qu'il
n'est pas si facile de manger avec tout ça dans la bouche.

Des semaines et des mois plus tard, il n'y aura plus rien :
les chairs se seront refermées. Seulement, il manquera une dent.
Et c'est tout ce qu'il constatera, l'édenté, lorsqu'il passera la
langue là où il y avait autrefois une dent, il ne sentira plus ni
montagnes, ni cratère, il sentira – alors seulement – qu'une dent
lui *manque*.

Au début, il y a le choc fabuleux. Lettres majuscules partout.
Les heures pleines de gémissements, d'effarement, d'incrédulité, de déni, de refus. Les jours faits de cercueils, de condo-
léances, de funérailles, de cortèges et de mise en terre. De
déchirements. Des heures comme les maillons d'une chaîne qui
n'en finit plus.

Au début, il y a les jours et les semaines consacrés au pillage
obligé : l'inventaire, le tri, le dispersement de tout ce qui, hier,
lui appartenait, vêtements imprégnés de son odeur encore, objets d'une vie, bibelots de trois sous et souvenirs qui n'ont pas
de prix et sont sans valeur pour tout le reste de l'humanité :
dent de lait, premier bonhomme gribouillé sur une page de
calendrier, premier bulletin scolaire, médaille d'honneur, mèche
de cheveux, petit ruban bleu, jonc tressé, carnet d'autographes,
photos, colombes en sucre jaunies et ébréchées, images saintes
et missel, bracelet d'hôpital, empreintes d'un petit pied, dent
de lait, gribouillages, mèche de cheveux, premier bulletin
scolaire, chapelet de communiante, petit poème, médaille

d'honneur, photos, cartes de vœux, fleurs séchées, au début, il y a une présence plus grande que jamais, plus grande que nature, omni, méga, au début, celle qui est partie est partout, elle prend toute la place, on la voit partout et toutes lui ressemblent, on la cherche partout et on ne la trouve nulle part et notre vie en est remplie à ras bord.

Toutes les lettres à relire, tous les albums photos à feuilleter, les mèches de cheveux à humer, les gribouillages à caresser du bout des doigts, tout cela occupe les nuits et remplit les mois, la parenté qui prend des nouvelles, le rapport d'autopsie qu'on trouve un matin dans la boîte aux lettres, les cartes de remerciement et la déclaration de revenus pour l'année écoulée, tout monopolise, mobilise, s'éternise. Le temps est bel et bien suspendu et ne renvoie qu'à cela, la mort de cette femme, et tant qu'il s'avère possible de dire « ma mère est morte hier », « ma mère est morte la semaine dernière », « j'ai perdu ma mère le mois dernier », « ma mère est morte l'an passé »... on ne se sent pas encore complètement (atrocement) seul : on est encore ensemble dans cette journée, cette semaine, ce mois, cette année, unis dans la proximité de l'événement : entre hier et aujourd'hui, rien d'autre que cette mort, entre la semaine dernière et aujourd'hui, rien d'autre que cette mort, entre le mois qui s'achève et celui qui commence, rien d'autre. Rien d'autre que le cratère et les montagnes, le trou béant et les chairs remuées, le cercueil, les vêtements, la montagne de vêtements, les souvenirs, tous les souvenirs, la vie de l'autre qui envahit la nôtre.

Cela dure longtemps.

Parfois des années.

Et puis, la colère, au milieu de tout cela. Et puis, les comptes, parfois. Et puis, la peine à nouveau. Le pardon. Et puis, la peine, toujours, tenace.

Et puis, un jour, vient le temps de rien de plus.

Tout a été pleuré, tout a été dit, crié, supplié, déliré, refusé, pardonné, rêvé et l'on ne peut désormais que se répéter à l'infini.

Un jour arrive où plus personne ne prend de nouvelles, où d'autres mères sont mortes, où l'effarement des autres dévalue le nôtre, où la peine n'est plus prise en compte parce qu'on ne peut pas tenir compte de la peine de tout le monde, où l'événement n'est plus d'actualité depuis longtemps déjà, un jour arrive où mille fois plus fort encore il faut se faire violence et tenter de la laisser, pour de bon, partir.

Les rêves se vident lentement.

Les photos se voilent.

De plus en plus rares sont ceux qui nous font le cadeau de lui ressembler un peu.

Les souvenirs acquièrent quelque chose d'irréel.

On dirait qu'à nouveau tout un pan des choses se dissout, s'estompe.

De temps à autre, au détour d'un souvenir, le doute, même, surgit. Ses yeux, le timbre de sa voix... On a peut-être rêvé, pourquoi pas, peut-être tout cela n'a-t-il jamais existé, cette mère-là avec ce visage qu'on voit sur les photos, cette mère qui parlait... comment, déjà ? On s'en souvient déjà si peu. Si mal.

Tout s'évanouit, tout passe, se disperse, s'effiloche, disparaît.

Pendant longtemps, tout se défait, s'embrouille, se dilue.

Et puis, un jour arrive où c'est le vide. On s'ennuie d'elle. On s'ennuie d'elle jour après jour. Cela fait si longtemps qu'elle est partie... Elle pourrait revenir, maintenant, ce serait raisonnable, rentrer de voyage enfin, rester une heure ou deux

une petite heure
quelques minutes
le temps d'un baiser, le temps pour sa fille de la serrer contre
sa poitrine, cinq minutes, deux minutes, juste le temps de
plonger son regard dans le sien et de lui dire

Ma mère me manque.

J'ai tenté de dessiner le paysage et les maisons que je vois
dans mes rêves, sans y parvenir. Je sais que tout repose solidement dans le silence et la pénombre, mais comment donner
forme à ce qu'on ne voit pas, le silence et toutes ces choses
semblables et rares ? Les maisons reposent, volets clos, comme
des dormeuses irréveillables, les arbres plongent leurs racines
dans la terre humide et profonde et *il n'y a rien de plus,*
désormais, voilà : ma mère est passée dans ce lieu d'un bleu
d'encre, calme, austère, froid, où tout est profond, ancré, elle a
disparu sans laisser de traces, elle est morte maintenant depuis
tant de temps qu'elle ne reviendra plus, et même mes rêves me
le disent : *il n'y a rien de plus, désormais,* il ne faut que le croire.
Tout est étale, tout est égal. De ce voyage-là, elle ne rentrera
pas. Et le monde continue, continuera de tourner. Étale,
désormais, égal à lui-même.
Cela s'appelle l'absence à tout jamais, immense.

Il n'y a pas plus noir que sous la terre.

Ma mère aux doigts de rose n'aura bientôt plus ni pieds ni mains ni paupières et la prunelle de ses yeux ne sera plus qu'un souvenir dans mon cœur. Elle qui n'aimait pas son corps parce qu'il avait trop de chair n'aura plus de chair sur les os.

Le temps qui a commencé à putréfier le corps de ma mère a aussi dissous les racines que la mort, un dimanche de mars, avait fait pousser au bout des doigts de ma mère et dont quelques-unes s'étaient même enroulées, d'un seul coup, autour de mon corps comme des lianes lorsqu'on referma le couvercle du cercueil.

Terre : « Élément solide qui supporte les êtres vivants et leurs ouvrages, et où poussent les végétaux. Surface sur laquelle l'homme, les animaux se tiennent et marchent. Milieu où vit l'humanité, dans son ensemble. Notre monde. L'ensemble de tous les lieux où l'homme peut aller. Lieu et symbole de la vie. »

Ma mère s'en est allée au pays des ocres
Terre de Sienne et d'ombre
Terre qui n'est plus la sienne
pourtant
on l'a mise en terre
ma mère
ma mère morte épouvantablement
morte

On creusa la terre, élément solide qui supporte les êtres vivants et leurs ouvrages, lieu et symbole de la vie, on fit un trou dedans, un trou dans ce qui supporte les êtres vivants et leurs ouvrages, un trou rectangulaire dans le lieu et le symbole de la vie, dans la surface sur laquelle l'homme et les animaux se tiennent et marchent, un trou dans la terre qui est notre monde et l'ensemble de tous les lieux où l'homme peut aller quand il est vivant, un trou dans le monde des vivants et on la déposa dedans.

Un jour arrive, dans une enveloppe à l'en-tête de l'hôpital qu'on n'avait jamais fréquenté de toute sa vie et dont on n'oubliera jamais le nom (qui nous fait sursauter désormais chaque fois qu'on l'entend), arrive, un jour, plusieurs mois après le décès – auquel on ne réussit toujours pas à croire – un document qui fait l'effet d'un coup de couteau à l'estomac : le fameux, le terrible rapport d'autopsie.

On dirait une caricature de rapport d'autopsie, tellement il ressemble à tous les rapports d'autopsie qu'on a imaginés au cours de sa vie. Mais on n'en avait encore jamais vu un, tenu un dans ses mains, surtout pas celui concernant la mort de sa propre mère.

Le document, une photocopie de mauvaise qualité, mal centrée, a été émis par le département d'anatomie pathologique de l'hôpital. Dans le coin supérieur droit sont inscrits le numéro que l'on a attribué au corps de ma mère, le numéro de dossier et la date de l'admission. La date de l'admission correspond au jour où ma mère vivante est entrée dans cet hôpital et non pas à celui où le corps de ma mère a été admis au département d'anatomie pathologique. Sous la date d'admission figure un terme bizarre, « Classification » ; il est suivi de deux points et d'un blanc. Le corps de ma mère n'a donc pas fait l'objet d'une classification (Catégorie A, Catégorie B), ou alors il a échoué lors d'une quelconque épreuve de classification... Un peu plus bas sont indiqués un nom et un titre à côté du mot « prosecteur ».

À gauche, le nom de « jeune fille » de ma mère, son âge, son sexe, le nom d'un médecin inconnu, la date et l'heure de la mort, la date et l'heure de l'autopsie et les termes « diagnostic clinique » suivis de deux points et d'un blanc.

Au centre de la photocopie, le mot « diagnostic » apparaît à nouveau, suivi de deux points et de l'adjectif « macroscopique ». Numérotés de 1 à 6 suivent alors six constats : 1. Œdème aigu pulmonaire. 2. Thrombose récente de la coronaire circonflexe avec obstruction complète de la lumière. 3. Infarctus myocardique récent latéral postérieur gauche étendu. 4. Athérosclérose coronarienne et généralisée importante. 5. Obésité. 6. Cyphose et ostéoarthrose dégénérative.

Le tout est daté et porte le paraphe d'un pathologiste.

Il n'y a rien d'autre dans l'enveloppe.

C'est brutal, cru, moche et teinte la journée qui sera moche, elle aussi, parce que l'esprit n'a que cela à digérer : il rumine donc les quelques informations que contenait le document mal reproduit sur un papier moche comme tout.

L'esprit pense, l'imagination voit : un inconnu a plongé ses mains dans le corps de ma mère, en a retiré des organes, les a longuement examinés, soupesés, dépecés, rincés, essuyés. Un inconnu a exploré les méandres de ce corps, laissé glisser son regard sur les paysages de ce corps, tenu dans ses mains le cœur de ma mère, le vrai, celui qui la maintenait en vie puis a cessé de la maintenir en vie. Un inconnu a vu ce que jamais personne n'avait vu de ma mère, pas même elle. Il a examiné les différents rouages de la machine, manipulé les pièces d'un ensemble, prélevé des morceaux de cette mécanique et en a tiré des conclusions (à moins que le mot « macroscopique » veuille dire que rien de tout cela n'a été fait, mais alors qu'a-t-on fait avec le corps de ma mère ?). Ces conclusions ont confirmé ce que nous savions déjà.

Ce que j'ignorais, par contre, c'est l'effet que produisent ces conclusions lorsqu'elles arrivent, quelque temps après les funérailles et le pillage des biens de la mère disparue, dans une enveloppe à l'en-tête de l'hôpital abhorré, qu'on ouvre l'enveloppe et que nous tombe dans les mains un bout de papier où six de ces conclusions – les plus importantes, je suppose – sont énumérées dans un style architélégraphique, classées par ordre d'importance, numérotées et assorties d'un numéro d'autopsie qui saute aux yeux avant même qu'on ait pu repérer le nom que portait ce corps (ce cadavre) quand il était encore vivant et qu'on l'appelait – aussi – maman.

Maman.

Si on utilisait bien ce mot, on ne l'emploierait plus, une fois la mère morte. Il ne servirait que lorsqu'on s'adresse à elle. On ne l'utiliserait pas pour parler d'elle. On ne pourrait jamais dire à ses amis, même enfant, « ma maman m'appelle », mais « ma mère », on ne pourrait pas dire à sa sœur ou à son père « maman fait dire que », mais « Thérèse ».

On emploie mal ce petit mot et on entend des gens de soixante ans dire « ma maman est malade » ou « comment va votre maman ? »

Ma mère et ses sœurs parlaient de leur mère en disant « maman » et leur père était pour elle « pâpâ ».

Je n'oublierai jamais les interminables discussions (qui tournaient souvent au vinaigre et devenaient ce que ma mère appelait des « ostinations ») qu'ont eues ma mère et ses sœurs au long des années qui ont suivi la mort de ma grand-mère. Ces discussions concernaient ma grand-mère mais, plus encore, l'enfance et la jeunesse de ma mère et de ses frères et sœurs. Il y était question de tout et de rien. De tout, de rien : n'importe quoi pouvait devenir objet de litige si on l'évoquait à quatre, ou trois, ou deux. Quatre, trois ou deux sœurs, femmes d'âge mûr, confrontaient alors leur enfance, ou plutôt leurs enfances, leurs souvenirs, et se disputaient la suprématie d'une vérité sur celles des autres.

Chacune y tenait mordicus, à sa vérité, et se faisait probablement un point d'honneur de convaincre ses sœurs qu'elles

42

étaient purement et simplement dans l'erreur. Je n'oublierai jamais le ton de ces conversations anodines tournant soudain à l'affrontement. D'abord, il était question de pâtés, par exemple, puis de ragoût de pattes et de différentes façons de l'apprêter, puis de tourtières, de toutes ces tourtières pas très bonnes et d'autres moins pires et de la « meilleure » recette de tourtière qui était évidemment celle de « maman », et alors une des quatre voix disait : « Maman mettait du bœuf dans ses tourtières. »

Et alors, comme un véritable tollé, s'élevait le désaccord total, mais le plus beau était que ce désaccord n'avait rien de l'unisson, de l'unanimité désapprobatrice, il était constitué de trois voix discordantes présentant chacune une version différente des faits et ne se rejoignant que dans la conviction profonde que la version de la première voix n'était pas la bonne.

Et les souvenirs fusaient comme les lapins d'un chapeau. Incroyable la foule de souvenirs que possédaient ces femmes au sujet de la « tourtière de maman » – Ben non, pas du bœuf ! Ben oui ! Ben non ! Du bœuf *pis* du veau ! Du *porc* pis du veau ! Je vous dis que maman mettait du bœuf dans ses tourtières ! Ben voyons ! Ben oui ! Ben voyons, je m'en rappelle ! J'ai quand même pas inventé ça ! Maman a jamais mis du bœuf dans ses tourtières ! En tout cas, moi je vous dis que oui ! Ben voyons, tu te trompes ! Ça se peut pas ! Ben oui ça se peut, rappelle-toi le jour où mon oncle Lauréat avait dit à maman que –, souvenirs étalés sur une cinquantaine d'années différentes et qui étaient peut-être tous exacts, me disais-je chaque fois devant ce foisonnement de souvenirs. Ma grand-mère avait peut-être apprêté ses tourtières de différentes façons au fil des décennies, au fil de ses quinze grossesses, au fil des revenus et des dépenses et des goûts qui fluctuent. Mais cela, aucune des quatre sœurs ne l'aurait probablement admis, convaincues qu'elles étaient de détenir la vérité. Car quoi ! les souvenirs d'enfance ne trompent pas, tout de même !

Mais voilà : ils trompent, les souvenirs, même ceux de l'enfance, ils ne sont pas toujours fiables et plus on y touche, plus ils deviennent friables, s'effritent et nous glissent entre les doigts.

Il y a des souvenirs de ma mère que jamais je n'évoquerais devant d'autres membres de ma famille. Je craindrais trop qu'on en ait une autre version et qu'on détruise mes images à moi en en évoquant d'autres au sujet du même événement. Je préfère désormais ma vérité subjective aux vérités subjectives des autres.

Mais parfois je rêve un peu quand même – non pas d'« ostinations » au sujet de tourtières que ma mère ne faisait pas, mais, justement, de ce qui aurait pu donner lieu à de telles remontées de souvenirs. Je rêve de tourtières et de gâteaux, de passions que ma mère aurait eues, d'activités que nous aurions faites avec elle, de façons de faire qu'elle m'aurait transmises (et qu'elle aurait pu transmettre différemment à d'autres), de chansons qu'elle m'aurait apprises (et qu'elle n'aurait peut-être pas chantées à l'époque de mon frère et de ma sœur, plus jeunes), je rêve de ce qui n'aurait pu venir que de ma mère, de ce qui aurait fait de ma mère quelqu'un d'irremplaçable. Je pense à ma mère et ses sœurs, à leur nostalgie de tant de choses reliées à leur mère et je me demande : qu'est-ce qui me manquera de ma mère, un jour ? Aurai-je, un jour, la nostalgie de quelque chose que faisait, que disait ma mère ?

Je cherche, patiemment, de plus en plus calmement, le moment où ma mère a été perdue pour moi à tout jamais, et en même temps je souhaite que cette femme ne soit pas vraiment, totalement, irrémédiablement perdue pour moi, je souhaite que quelque chose, un jour, se manifeste, remonte à la surface, remonte en moi, quelque chose qui soit irremplaçable ou, tout simplement et plus essentiellement, un élément qui aiderait juste à mieux comprendre.

Le temps passe et j'éprouve pour ma mère, maintenant qu'elle est morte et n'interviendra plus dans nos vies, un intérêt et une fascination tranquilles, de plus en plus tranquilles. Je sais que *tous* les morceaux du casse-tête sont enfin là, disponibles désormais, éparpillés, dans certains cas cachés, à jamais introuvables peut-être mais là, quelque part, ils existent tous et *peut-être* aurai-je un jour la chance de les rassembler tous et de voir le vrai visage de ma mère. Je sais qu'une telle chose risque peu d'arriver mais elle *pourrait* se produire et cela m'est un baume quand j'y pense.

À côté de cette quête tranquille, avançant parallèlement à ces pas détachés, il y a moi dans une robe « à jamais trouée », moi à me dire que « jamais je n'aurai assez de fil et d'aiguilles pour recoudre tous ces trous », moi souffrant parfois de mon indigence et, à d'autres moments, me demandant s'il est vraiment si grave, finalement, si terrible de porter à tout jamais une robe trouée si on peut marcher, boire, écrire, dormir, aimer, jouer, lire, avancer dans cette robe trouée...

Et puis : la robe que ma mère m'a léguée est certes trouée à maints endroits, mais je peux me dire : voilà ma robe, trouée, certes, mais cela aurait pu être pire encore, s'aggraver encore avec le temps. Désormais, plus rien ne peut altérer cette robe. Désormais, je connais, je possède mon héritage. Une robe trouée. Pas des haillons. Les haillons m'ont été épargnés.

Dans un rêve récent, je tentais d'expliquer à quelqu'un que le cœur « me débat à chaudes larmes » chaque fois que je m'éveille en prenant conscience d'avoir rêvé à ma mère au cours de la nuit. Que le cœur puisse « nous débattre à chaudes larmes », mon interlocuteur n'arrivait pas à le saisir. Je cherchais désespérément à lui faire comprendre le sens de l'expression. Puis, n'y arrivant pas, j'ai cherché quelle autre locution pourrait avoir à peu près le même sens, sans en trouver aucune. Il me semblait qu'il y avait une différence énorme entre toutes les autres expressions désignant diverses façons qu'a le cœur de battre la chamade et l'expression servant à décrire uniquement la chamade bien particulière que bat le cœur lorsque la mère meurt et qu'on se met à rêver à elle.

J'ai cherché par tous les moyens à me faire comprendre. Toujours, je butais sur l'obstacle suivant, incontournable à mes yeux de rêveuse : la personne à qui j'essayais d'expliquer le sens de l'expression n'avait pas encore perdu sa mère, n'avait jamais, encore, perdu sa mère.

Quand je rêve à ma mère, le cœur me débat à chaudes larmes au réveil. Quand je rêve à elle, je me réveille pleine de nostalgie d'elle. Mais peut-être la nostalgie trouve-t-elle simplement en ma mère un point d'ancrage, un point sur lequel se fixer. Ma mère ne serait que l'objet idéal d'une nostalgie qui m'habiterait depuis très longtemps. Peut-être cette nostalgie n'est-elle rien d'autre que la très grande nostalgie du lien

originel, un lien possible uniquement dans le lieu lui-même originel, un lien purement fusionnel dans un lieu de fusion totale.
La mère, après tout, est la toute première terre, le tout premier
pays, le lieu d'ancrage sans lequel rien ne peut advenir. Peut-
être cette immense nostalgie que j'ai de ma mère au sortir d'un
rêve où sa présence se révélait comblante n'est-elle – en plus
d'exprimer en même temps mon désir d'une mère qui n'exis-
tera jamais – que la nostalgie d'un ancrage fondamental, d'une
paix disparue, d'un bien-être perdu ou qui n'a même jamais
existé et fait cruellement défaut depuis toujours, et l'apparition
de ma mère en rêve, extraordinairement douce et lisse, calme
et silencieuse, réveillerait ce manque, le manque absolu.

Cioran a bien raison de dire : « Le Paradis gémit au fond
de la conscience, tandis que la mémoire pleure. »

Une femme qui meurt, on ne peut pas en dire grand-chose, au fond. Une femme qui meurt avait trop de facettes, trop de ramifications, trop de titres, trop de rôles pour qu'à partir d'un seul point de vue on puisse en dire grand-chose.

Ma mère qui est morte était aussi épouse, sœur, enfant, grand-mère, belle-mère, cousine, tante, nièce, belle-sœur, petite-fille, voisine, patiente, cliente, locataire, et à travers chacun de ces rôles et tant d'autres encore quelque chose de particulier s'activait en ma mère, s'exprimait. La sœur, la tante, l'épouse, la cousine n'étaient pas tout à fait la femme qui était ma mère. Même la mère de ma sœur et celle de mon frère n'étaient pas tout à fait la mienne.

Ce que je dis de cette femme ne concerne que ma mère, la mienne et celle de personne d'autre. Ce que j'en dis aujourd'hui ne vaut également que pour aujourd'hui. Demain, dans cinq ans, ma mère pourrait bien me sembler tout autre. Et pas uniquement parce que le temps aura passé et qu'elle aura changé dans mon souvenir. Ma perception pourra elle aussi être différente dans trois ans, dix ans, après-demain. Ma mère continue à vivre en moi, elle se transforme selon la lumière qui entre en moi, et notre lien s'éclaire au fil des mois, des saisons. Un jour, dans mille ans, j'aurai peut-être tout compris, tout accepté, tout pardonné, et mon pardon métamorphosera ma mère en moi au point qu'elle ne se reconnaîtrait plus elle-même et qu'elle deviendra une autre pour vrai, prête pour une autre vie, si cela se peut, une autre vie. Un jour, j'aurai tout épuisé en moi de colère, de peine, de refus, d'amertume et de besoins et je serai moi aussi prête pour une nouvelle forme d'existence, une autre façon d'être. Une vision différente de la mère, un autre lien avec la mienne.

Quelque temps après la mort de ma mère, un jour que nous parlons des étapes du deuil à accomplir, une amie dont la mère a autrefois failli mourir me demande : « Mais qu'est-ce qui est le pire ? », comme on demande à un nouvel ex-fumeur à quels moments de la journée ou dans quelles circonstances la cigarette lui manque le plus.

Je comprends la question de cette amie, elle a du sens, et pourtant je m'étonne profondément qu'on puisse – non pas *me* la poser, car après tout, je suis à ce moment-là la candidate idéale pour répondre à toutes les questions concernant la mort de la mère – mais qu'on puisse poser la question tout court, qu'on puisse *se* poser cette question. Je m'étonne qu'une telle question puisse germer dans l'esprit d'un humain et exiger qu'on y réponde.

Je m'étonne mais, comme cette amie m'est chère, je réponds. Je lui dis ce que je pense vraiment : il n'y a pas de pire, parce que tout est pire.

À moins que n'existe quelque chose comme le pire dans le pire.

La question de cette amie, qui m'est revenue aujourd'hui tout d'un coup, rebondit dans ma tête depuis que je m'en suis souvenue. Je constate soudain que je suis, en fait – des semaines et des mois plus tard –, encore en train d'essayer de répondre à cette question-là : qu'est-ce qui est le pire, et puisque tout est pire, quels sont les mille visages du pire (les mille moments du jour et les mille moments des longues heures de la nuit) quand une mère meurt ?

J'essaie de donner des pistes à mon amie, d'ouvrir des chemins, mais les chemins se referment derrière moi, moi seule peux y marcher, car ma mère n'est pas une mère mais la mienne, et la mienne est une mère qui ne peut pas facilement « mourir » puisqu'elle n'est pas encore née.

Je ne peux pas raconter, faire quelque chose comme « le récit de ».

Un récit, quel qu'il soit, ne contient-il pas une fin, une conclusion ?

Rien, ici, ne peut mener à la résolution de quoi que ce soit.

Depuis que ma vie, un dimanche de mars, a – comme on dit souvent quand l'inimaginable se produit – tout à coup « basculé », j'ai entendu sans cesse le conseil suivant : écris. On voulait dire : écris *là-dessus*. J'ai refusé. Écrire pour libérer, pour exorciser, non. Surtout pas ça. Ça, je me disais que c'était à moi comme rien ne m'avait encore appartenu dans ma vie. Je n'allais pas sortir *ça* de moi, m'en défaire, en somme, le donner

51

quand c'était le seul lien qu'il me restait avec elle. J'ai refermé les bras sur mon fantôme et j'ai serré très fort.

Alors, peu à peu, c'est toute l'écriture qui s'est refusée, l'écriture de tout, parce que *ça* et le reste faisaient partie d'un *même* tout.

Aujourd'hui, plus rien n'est pareil, comme on dit aussi en de telles circonstances (l'après-catastrophe), plus rien n'est comme *avant*. Mais j'ai recommencé à écrire. Pour lui dire adieu, bien sûr – puisque à moi aussi, comme c'est arrivé souvent à d'autres, c'est la seule possibilité d'adieu qu'il reste. Mais aussi pour pouvoir continuer, tout simplement.

Le désir de pouvoir écrire un jour à nouveau a fait naître peu à peu ceci : j'ai besoin à nouveau d'écrire, j'ai l'élan – comme une poussée tellurique – d'écrire encore et encore.

D'écrire même maintenant, après.

Maintenant, je peux écrire là-dessus *aussi*.

Mais je ne peux pas vraiment écrire *là-dessus*. Je n'écris pas *sur* la mort de ma mère. Je tourne autour, tout au plus. « Ça tourne autour de », voilà ce que je dirai à l'amie à qui je donnerai ces pages quand j'aurai assez tourné « autour de », ça tourne autour de la mort de ma mère, ça parle de l'abîme qui s'est ouvert sous mes pieds quand ma mère est morte, ça parle de la difficulté de perdre sa mère quand on ne l'a jamais eue pour vrai, ça parle peut-être des mères qui ne se laissent pas apprivoiser, de toutes ces mères qui ne se donnent pas, qui aimeraient mieux – qui aiment mieux – mourir que de s'offrir. Ça tourne autour de l'abîme profond qui s'ouvre sous nos pieds quand. Qui s'ouvre sous nos pieds si. Peut-être qu'en changeant des mots par-ci par-là, des « quand », des « si », ça tourne autour de la mort de la mère, la mère tout court. Peut-être. Je n'en sais rien.

52

Il y a mille et une facettes du pire, toutes plus inattendues les unes que les autres.

Cela fait cinq cent trente-deux jours aujourd'hui que tu es partie pour toujours.
Aujourd'hui, papa s'est remarié.

C'est un peu comme si tu mourais encore une fois.

Cela fait cinq cent trente-deux jours aujourd'hui qu'elle est partie pour toujours.

Aujourd'hui, mon père s'est remarié.

C'est un peu comme si elle mourait encore une fois.

C'est moi qui lui ai servi de témoin.

C'est à mon bras qu'il est entré dans la petite chapelle.

C'est à moi qu'il avait demandé de l'accompagner dans les magasins pour acheter son « habit de noce ».

Pendant des semaines, je me suis débattue avec cette idée terrible d'une trahison à l'égard de ma mère.

Pendant des jours, j'ai cherché le moyen, j'ai cherché les mots pour décliner le rôle.

Ce qu'il y a de terrible avec la mort, c'est que tout le monde, autour, continue de vivre. Jamais la mort n'a empêché qu'autour d'elle on continue de salir des assiettes et de froisser des draps.

J'ai pensé, au bout de quelques jours de tourment : mon refus ne servirait à rien, sinon à peiner les vivants, qui ont bien le droit de s'adonner aux plaisirs de la vie.

Je me suis dit : de toute façon, avec ou sans moi, tout cela aura bel et bien lieu, les habits, le remariage, la noce, le voyage, les meubles qui déménagent, les nappes qui changent de propriétaire, une femme qui est la femme de mon père sans être ma mère. Le corps de ma mère est dans la terre.

Alors, j'ai pensé : le rôle, aussi bien le jouer le mieux possible.

Ma mère aimait les fêtes, les premières communions, les baptêmes, les mariages, les banquets. Dans ces occasions, elle faisait de son mieux pour paraître belle, elle mettait du rimmel et du rouge et souvent du vernis sur ses ongles.

J'ai fait, moi aussi, un effort, j'ai mis du vernis sur mes ongles et sur mon vague à l'âme, j'ai maquillé mon visage et enfilé ma plus jolie robe, j'ai décoré mon corps avec des bijoux : le cou, les lobes d'oreilles, les poignets, quelques doigts, j'ai mis un parfum que ma mère aimait et, dans mon sac tout petit, le matin des noces, j'ai glissé une photo de ma mère.

Elle aimait les réceptions, ma mère, elle était toujours partante, toujours contente quand on l'invitait à une confirmation, une prise d'habit, un jubilé, un dépouillement d'arbre de Noël, un baptême, un mariage. Alors, j'ai mis sa photo dans mon sac et j'ai dit ce que ma mère aurait aimé entendre, ce jour-là, « Viens, ma belle, on s'en va aux noces ! », et pour qu'elle ne soit pas seule de son clan, j'ai glissé aussi dans mon sac, à côté de celle de ma mère, une photo de Gainsbourg.

Je t'aime.
Moi non plus.

Pour s'assurer la veillance des esprits, les vivants essaient toutes sortes de choses. Moi, je leur parle. Parfois, je regarde des photos du temps où ils promenaient leurs corps sur terre. Mais c'est surtout en rêve que je les côtoie et que j'échange avec eux. Je leur rends visite dans des espaces clos et flous, difficiles à décrire avec précision. Ce sont des lieux somptueusement irréels où les êtres que j'ai connus continuent d'exister.

J'ai parfois du mal à croire que ces rencontres avec les trépassés ont lieu *seulement* en rêve. Je ne trouve pas complètement bête la question qui me traverse de temps à autre l'esprit, au sortir d'un de ces songes : et si je revenais alors d'un espace... comment dire ? d'une *dimension* où « vivent » encore ceux qui nous ont quittés ? Ils semblent tellement chez eux, quand je les rencontre dans mes rêves, tellement entre eux... J'ai chaque fois la très nette impression que c'est moi qui leur rends visite et non eux qui me visitent en rêve. C'est moi qui me retrouve dans leur univers, et leur univers est étonnamment, intensément, immensément uniforme, épuré, étale, clos et flottant, comme si un mur invisible entourait chaque lieu. Tous les lieux de nos rencontres se ressemblent, les rares objets qu'on y remarque ont quelque chose d'immatériel, et les gens que je revois dans ces lieux ont ceci en commun qu'ils continuent, tout le temps de ma visite, de vaquer à leurs occupations comme si de rien n'était. Ils ne m'accueillent pas vraiment mais ne me rejettent jamais. Ils notent ma présence, je le sens, ils en tiennent compte, j'en suis certaine, mais un peu comme le font les adultes avec les enfants : on dirait une réserve, une retenue, une distance entendue, une entente secrète visant à ne livrer que le minimum, à ne laisser filtrer que ce qui peut être perçu sans risque, sans danger. J'ai l'impression que les choses importantes ne seront faites, par eux, ne seront dites qu'après mon départ, quand les oreilles et les yeux « innocents » seront repartis. Quand ils seront à nouveau entre eux. Entièrement. Sans visiteur, sans témoin.

J'ai l'impression qu'ils me tolèrent, tout simplement. Une sorte de tolérance bienveillante. Ils ne me font jamais sentir que ma présence les importune, mais je devine qu'il m'est impossible de m'attarder là bien longtemps. Je sens leur indulgence, la patience dont ils font preuve à mon égard. Je suis comme un enfant aimé qu'on tolère dans la cuisine alors qu'il gêne un peu les activités des adultes. Je reste un peu, je me réjouis d'être là, de m'être retrouvée là comme par magie, de revoir tout à coup mon grand-père, mon parrain, ou des amis, ou ma grand-mère, ma marraine, et maintenant ma mère comme si nous n'avions jamais été séparés, mais je sens en même temps que ces retrouvailles ont quelque chose d'exceptionnel qui ne peut être qu'éphémère. Je sais aussi d'instinct qu'il est préférable de se taire, de restreindre ses mouvements, de s'en tenir à l'essentiel et, surtout, je *sais* qu'il me faut éviter de poser les questions qui me brûlent les lèvres. Je sens la solidarité tapie au fond de leur silence, je sens qu'ils sont entre eux comme dans une association secrète, un clan, une famille, et qu'il suffirait d'une question, d'un mot de trop, et je me retrouverais dans mon lit, couchée dans mon lit, seule, éveillée.

De son vivant, ma mère n'avait vraiment rien en commun avec Gainsbourg. De leur vivant, ces deux-là auraient formé le couple le plus incongru de la terre.

Du vivant de ma mère, elle et moi faisions partie de la même famille. J'avais bien intégré l'idée que les liens du sang sont sacrés (« honore ton père et ta mère »), du moins en allant vers l'amont de la chaîne. Les liens du sang qui nous unissaient (qui me reliaient à elle) étaient si importants, à mes yeux, que j'aurais, bien que ne me sentant par ailleurs à peu près aucune affinité avec ma mère, tenté de marcher sur les eaux, pour elle, si cela avait été nécessaire.

De leur vivant, s'ils avaient eu à choisir de qui ils se sentaient le plus près, je suis certaine que plein de gens m'auraient choisie, moi, plutôt que ma mère. Léo Ferré n'aurait sûrement pas tenu une journée avec ma mère, Georges Brassens non plus. Gabrielle Roy, Nelligan, Rimbaud, Verlaine, Baudelaire, j'imagine qu'ils auraient fait partie de ma clique plutôt que de celle de ma mère. Blanchot, Beckett, Bernhard qu'elle n'aurait pu supporter, appartenaient à mon monde à moi. Kafka était mon Kafka. Mon Hölderlin, mon Rilke, mon Walser qui l'eût certainement agacée, Bach, Schubert qu'elle n'écoutait pas, tous les peintres qui n'étaient rien pour elle, Klee, Macke, Picasso, tous les inénarrables, les Giacometti, Henry Moore, les bizarres, les détraqués, il y en a des milliers de gens qui vivaient dans un autre monde que le sien, qui, de leur vivant, faisaient partie de ma famille à moi ou, à tout le moins, n'avaient rien à voir avec ma mère, auraient fait l'objet de ses sarcasmes, et qui, d'un seul coup, un dimanche après-midi, ont basculé de son côté à elle. La mort de ma mère les a avalés, me les a volés, aussi. Les a rendus semblables à elle, ma mère : des morts. Des congénères. Des alliés, désormais. Il y a les morts *versus* les vivants. Ma mère et Kafka et Giacometti et Gainsbourg et, de l'*autre* côté, maintenant, moi.

J'avais imaginé ma mère partie rejoindre ceux qui lui manquaient, ses enfants morts en bas âge, ses parents, ses frères et sœurs si nombreux, ses amis d'enfance, ses premiers amoureux, je l'imaginais arrivant dans son paradis enfin gagné, un paradis plein à craquer de parents et de vieilles connaissances, je l'imaginais parfois ouvrant la porte de ce paradis, un peu craintive, fatiguée de son long voyage, un peu triste d'avoir été extirpée du monde des vivants, je la voyais entrer, le cœur gros, les yeux bouffis, rassemblant son courage pour affronter un monde tout à fait nouveau, totalement inconnu, elle entrait lentement, cherchant du regard un visage auquel s'accrocher, un visage connu, aimé, et, je ne sais pourquoi, dès la première fois où je l'ai imaginée franchissant le seuil du paradis, cherchant des yeux un visage familier, c'est avec Serge Gainsbourg que je l'ai vue arriver nez à nez.

Gainsbourg, l'opprobre.

Ç'aurait pu être un frère, ses parents, Gabin, Fernandel, Bourvil, Piaf qu'elle aimait.

Mais Gainsbourg.

Et cela ne la choquait pas, ne la faisait pas reculer d'effroi. Arriver nez à nez avec Gainsbourg semblait quelque chose de parfaitement normal.

Ils se regardèrent comme le font de vieilles connaissances, se saluèrent d'un signe de la tête.

Elle ne l'abhorrait plus.

Il ne se détourna pas avec indifférence en la voyant.

De leur vivant aux antipodes l'un de l'autre, voilà que par leur disparition, par le fait même de disparaître, ils sont, eux et tous les autres disparus, réunis. Tous ceux-là qui auraient formé du temps de leur vie sur terre des couples on ne peut plus hétéroclites sont désormais inséparables dans mon esprit. Ils appartiennent à la grande famille des trépassés qui renvoie tous les autres à ce qu'ils sont : des vivants. De simples vivants.

Ils me renvoient à moi-même.

Et c'est là, dans ce creux en moi, que tout se passe maintenant. Face à face. Face à face avec moi-même. Avec la mort de la mère. Avec le souvenir de la mère vivante. Avec ceux partis avant elle. Avec ce qui a disparu en même temps qu'elle. Avec ce qui peut disparaître demain. Avec l'idée de la mort tout court. L'idée de ma propre fin.

Ma mère et Gainsbourg, et tous les autres morts, font désormais partie de la même tribu.

Dont je suis exclue.

Pour un temps encore.

Je t'aime. Je t'aime.

Moi non plus.

J'ai mis du temps à trouver le chemin menant aux morts qui habitent maintenant mes nuits.

Après leur disparition, je rêve à eux intensément, mais ce sont des rêves, purement et simplement, de cela je suis certaine, et ils ne sont remplis que d'une chose : mon incapacité à intégrer leur mort. Cela prend un certain nombre de formes, donne quatre ou cinq variantes sur un même thème.

Puis s'installe le silence nocturne.

Ce n'est qu'après de longs mois de séparation que je réussis à percer le mur du silence, à trouver un petit caillou blanc, puis un deuxième.

Les disparus que je retrouve alors sont bel et bien passés de l'autre côté et c'est, j'imagine, ce qui les fait se ressembler autant.

Ma mère et Gainsbourg, par exemple, n'ont plus d'angoisses au cœur, leur visage est détendu et leurs gestes ont le calme de ceux qui ont toute l'éternité devant eux. L'éternité pour eux.

On voit qu'ils ont couru longtemps après quelque chose qui eût pu les pacifier, on voit qu'ils ne courent plus, qu'ils n'ont plus besoin de courir après ceci et cela (« Dans le vague du désert, m'a dit un jour Cioran, le tombeau est une oasis, un lieu et un soutien. On creuse son trou pour avoir un point fixe dans l'espace. Et on meurt pour ne pas s'égarer. »). Ils ont trouvé le repos de l'esprit. Ils ont la paix de l'âme et cela se lit sur leur visage.

Beaucoup de ciel dans leurs yeux. Même dans ceux de ma mère.

Quelques mois après la mort de ma mère, j'ai retrouvé une photo d'elle enfant.

C'est une petite photo en noir et blanc sur laquelle ma mère doit avoir quatre ou cinq ans. Avec quelques-uns de ses nombreux frères et sœurs, elle est debout sur le balcon d'une maison qu'on devine pauvre. Elle porte une robe de pauvre qui semble de coton blanc, des bas longs qui doivent être en corde beige et des chaussures très foncées qui ressemblent à des souliers de poupée. Avec ses cheveux maladroitement coiffés en boudins, on peut dire que de la tête aux pieds cette fillette a l'air de ce qu'elle était : une enfant de famille nombreuse.

Ce qui frappe vraiment, toutefois, lorsqu'on voit cette photo, c'est à quel point cette petite fille de quatre ou cinq ans ressemble à la femme qui, une soixantaine d'années plus tard, quittait ce monde.

Tous les gens à qui je montre cette photo ont la même réaction : cette enfant, c'est ma mère à la fin de sa vie. Entre ces deux époques, les photos qu'on a prises de ma mère donnent à voir une grande fille, une adolescente, une jeune femme, une épouse, une mère, une femme d'âge mûr avec lesquelles ma mère des derniers mois a somme toute fort peu de ressemblance.

Sur la photo retrouvée quelque temps après la mort de ma mère, tout est là, sans parure, sans camouflage et offert en toute innocence : la forme du visage, les paupières tombantes, les poches sous les yeux, les sourcils froncés, le regard vaguement inquiet, un peu triste, l'esquisse seulement d'un sourire qui se fige avant même de s'être réalisé. Il y a la rondeur d'un corps qui allait par la suite s'allonger, s'affiner, s'élancer, devenir mince, puis maigre à faire peur, puis remplumé, puis bien en chair, puis grassouillet, puis alourdi, corpulent pour retrouver à la fin cette rondeur totale qui s'affiche autant dans le visage et les pieds qu'autour de la taille.

À vrai dire, je n'ai jamais connu d'être humain qui se soit ressemblé autant à soixante ans d'intervalle que ma mère. L'expression du visage, le port de tête, la façon de se tenir debout, la position des bras, la courbe des doigts, les proportions des différentes parties du corps les unes par rapport aux autres, tout cela est extraordinairement identique au début et à la fin de sa vie. La boucle est bouclée d'une manière stupéfiante.

Lorsque j'ai retrouvé cette photo de ma mère enfant, dans les mois qui ont suivi sa mort, je n'ai eu aussitôt qu'une envie : enlever les frères et sœurs, ne garder que ma mère et en faire tirer des copies. Je voulais des copies grandeur originale et des agrandissements de différents formats. J'ignorais ce que j'allais faire de toutes ces variantes de ma mère enfant, mais je savais que je voulais cette petite pauvre en plusieurs exemplaires de différentes grandeurs.

Quand la jeune fille préposée au remplissage des bons de commande a aperçu la photo, elle l'a trouvée très belle, mais en la glissant dans l'enveloppe, elle a dit : « C'est un peu serré, par contre. Il n'y a pas de jeu, ni en haut ni en bas. J'espère qu'on ne coupera pas trop de cheveux. Peut-être les souliers. Les souliers, c'est moins grave. »

Mais pour moi, c'était grave.

Les cheveux, j'y tenais, et les chaussures j'y tenais tout autant.

Alors, en lettres capitales rouges, la jeune fille a indiqué sur le bon de commande : PRIÈRE DE PRENDRE *TOUTE* LA PETITE FILLE, en soulignant le mot « toute ».

Mais même avec devant les yeux le mot « toute » souligné à gros traits, moi, étonnée, je lisais et relisais cette phrase surprenante : « Prière de prendre toute la *petite fille*. » Elle savait, la préposée, qu'il s'agissait d'une photo de ma mère, sexagénaire qui venait de mourir, et pourtant elle écrivait qu'il fallait que la *petite fille* en entier apparaisse sur la photo. Elle ajoutait entre parenthèses : « Ne pas couper les cheveux de la petite fille ni ses souliers. »

C'était bien une petite fille qu'on voyait là sur ce bout de papier, l'employée avait raison. Une petite fille. Mais cet être venait de mourir et moi, quadragénaire, j'en portais le deuil. Alors, pendant quelques instants, j'ai eu l'impression d'avoir perdu un enfant, mon enfant.

Ma mère aurait été contente : toute sa vie, elle a souhaité que ses enfants la maternent, s'occupent d'elle comme d'un petit enfant.

(Pour qu'elle soit *vraiment* heureuse, il aurait fallu que je devienne *vraiment* la mère de ma mère.)

Le jour où j'ai reçu les photos, je les ai longuement regardées, examinées, et même scrutées à la loupe. Aucune d'elles ne donnait vraiment exactement la même chose à voir de ma mère.

Toute petite, la petite avait certes un visage mieux défini, plus serré, plus net, mais agrandie, ce qu'elle perdait en précision, la petite fille le gagnait en fluidité, en rayonnement. Elle devenait légère, angélique, se rapprochant, d'agrandissement en agrandissement, du point où elle allait, pâlissante, s'évaporer, se diluer, disparaître dans le papier. J'aimais le visage de la

plus petite photo pour la clarté des traits et j'aimais le plus grand
des agrandissements parce qu'il me donnait de ma mère enfant
une image évanescente grâce à laquelle je pouvais reconnaître
les quelques traits minimaux qui faisaient que cette fillette était
ma mère enfant et personne d'autre : la courbe descendante de
la paupière comme si l'œil était bridé vers le bas ; le frémissement de cette paupière tel un mouvement de froncement de
sourcils qui aurait été réfréné dans son élan même ; l'ombre
d'une velléité de sourire, peut-être exigé par la personne tenant
l'appareil photo ; un reflet, dans les cheveux noirs ; un certain
tassement sur soi comme une contrainte, une gêne, un empê-
chement qui tient tout le corps ensemble, l'empêche de se
donner, de se perdre.

J'avais envie de me pencher sur ce corps, j'avais envie d'essayer de saisir, de déchiffrer le corps de cette enfant qui un jour
allait me porter à l'intérieur d'elle-même, à l'intérieur de ce
corps contraint.

J'ai fait des photocopies de tous les exemplaires de cette
photo. Puis, je les ai coloriées, patiemment. J'ai d'abord ap-
pliqué un peu de rouge sur les lèvres, rien d'extravagant, juste
un peu de vie sur ces lèvres grises. Sur la peau blanche, une
touche de couleur chair : le visage, le cou, si court, et les bras,
pour qu'on les distingue mieux de la robe. J'ai recréé le beige
des bas de pauvresse, je suis sûre qu'ils avaient cette couleur
qui n'en est pas une. Mais la robe et les souliers, qui n'étaient
sur l'original que pâle et foncés, je les ai variés, au gré des
copies, pour *voir* : peut-être la robe de ma mère était-elle d'un
jaune très pâle, un jaune beurre comme la radio de mon enfance ? Et si la robe était couleur crème et les souliers brun
foncé ? On pouvait aussi imaginer un bleu ciel pour le vêtement et un bleu marine pour les chaussures. Tout est plus joli

que blanc et noir... Une petite robe d'un rose passé, très passé, et des souliers sang de bœuf.

Toutes les petites filles, telle une ribambelle de jumelles, je les ai placées côte à côte au mur de ma chambre, et je les ai regardées, comparées.

Je ne suis pas folle.
Je cherche quelque chose.

Au fond, peut-être ma mère a-t-elle toujours été perdue pour moi, perdue d'avance. Peut-être que toutes les raisons que je pourrais invoquer pour « expliquer » son absence sont, fondamentalement, reliées à ce qui s'avère déjà visible chez la fillette de la photo : un certain tassement sur soi. Un appel des yeux, une demande profonde mais aussi la quasi-certitude de ne pas recevoir ce que les yeux quémandent, le refus d'être la première à donner – ces lèvres qui auraient *pu* sourire – et une attente quand même obstinée, qui défie la réalité, une attente de tout l'être, dure, frémissante, tassée sur elle-même.

Plus tard, le frémissement se fera hystérie, l'attente sera revendicatrice, obstinée, tenace.

Quand je pense à ma mère, je me dis souvent que ce qui différencie le plus les êtres entre eux, ce n'est pas tant ce qui leur manque ni le fait qu'ils le trouvent ou non de leur vivant, mais plutôt quelle attitude profonde chacun a face au manque, ses manques. Certains sont engagés dans une quête, parfois depuis leur tendre enfance. D'autres sont en état d'attente, depuis toujours et pour toujours, parfois.

Ma mère, elle, était de ceux qui attendent.

Elle attendait, attendait.

De moins en moins patiemment, de plus en plus rageusement.

Elle attendait de pied ferme.

Elle s'attendait à.

Elle attendait tout.

Elle accumulait les déceptions.

Il y avait, j'imagine, de moins en moins de place, en elle, pour tant d'attentes non comblées. La rage devenait de plus en plus difficile à endiguer, à entasser. Mission impossible. Un jour, le cœur a lâché. Peut-être que ma mère n'en pouvait plus de vivre.

Peut-être, aussi, que cela n'a rien à voir et qu'on meurt comme ça, pour rien, bêtement.

Perdre sa mère, c'est perdre son enfance, dit-on.
Et si on n'a pas eu d'enfance ?
Tout le monde en a une.

Est-ce que tout le monde en a une, une enfance digne de ce nom, une vraie de vraie ?

Une enfance.
Une véritable enfance.

Je crois que ni ma mère ni moi n'avons eu une *vraie* enfance. Et pourtant, ma mère avait la nostalgie de la sienne, la nostalgie de ce qui lui avait tenu lieu d'enfance, la nostalgie, d'abord et avant tout, d'une grande promiscuité, de l'appartenance à un tout informe, la nostalgie du pur chaos, du bruit, de l'agitation, la nostalgie d'être une toute petite partie de quelque chose d'énorme et de mouvant, donc de forcément vivant : une petite fille dans une famille nombreuse, très nombreuse.

Perdre sa mère, c'est perdre son enfance. Et même si on n'a pas eu d'enfance, on la perd d'un seul coup quand disparaît celle qui aurait pu nous en donner une.

Perdre sa mère, c'est perdre aussi la mère qu'on n'a pas eue, celle qu'on souhaitait depuis toujours, qu'on espérait encore, qu'on aurait voulu avoir – un peu – avant de mourir.

Perdre sa mère, c'est perdre son avenir, perdre tous les possibles.

Tous ses espoirs.

« Je sens ma vie toute nue,
   Elle s'éloigne du rivage de la terre maternelle,
   Si nue jamais ne fut ma vie,
   Jamais aussi abandonnée au temps,
   Comme si, fanée, je me trouvais
   Après la fin du jour
   Au milieu de nuits immenses,

                                   Toute seule. »

Nue, abandonnée, fanée, seule.

Tous les poèmes qu'ont écrits les femmes sur leur mère morte se ressemblent.

Else Lasker-Schüler écrit « nue », « abandonnée », « fanée », « seule ». Mais tous les poèmes qu'ont écrits les femmes en pensant à la mère en allée se ressemblent.

Tous ceux que j'ai lus dans ma vie me reviennent.

Autrefois, j'ai envié ces femmes qui pouvaient dire « ma mère, ma... ceci, ma cela » : ma mère, ma chérie. Ma mère, mon amour.

Fallait-il qu'elles l'aient aimée, cette mère, pour pleurer à ce point, pour parler ainsi, pour dire « mon amie, mon aimée, mon amour ».

Elles avaient dû en recevoir, de l'amour, pour dire : « Comment vivre sans toi ? »

Je ne savais encore rien du désarroi et du vide que laisse, en se retirant, la mère qui n'a pas dit « Je t'aime », je ne savais pas que ces mots, quand la mère meurt, pouvaient basculer brusquement, se renverser comme un camion fou, dérailler tel un train, tout emboutir sur leur passage, résonner infiniment dans le vide, j'ignorais qu'après le carambolage les mots se retrouvent dans la tête de celui qui ne les a jamais entendus et deviennent une obsession dont il n'arrive à se libérer qu'en les retournant à nouveau, ma rêveuse, mon endormie, mon rayon de lune, mon brin de lilas, ma calme enfin, ma tendre enfin, mon aimée malgré tout, mon absente à jamais, ma souffrance, mon amour.

J'envie les arbres, les murs, ils ne savent pas – du moins je l'espère pour eux – qu'ils existent, qu'ils pourraient ne pas exister, auraient pu, pourraient ne plus être de ce monde, disparaître, dépérir lentement, être abattus d'un coup, j'envie les murs surtout, les briques, le ciment, le béton qui ne souffrent pas, ne ressentent rien, ne perdent personne.

J'envie le béton qui ignore que « vivre, c'est perdre ».

Vivre, c'est perdre.

Mais pendant des années, on ne le sait pas. Puis on le sait, mais on ne le sent pas. Puis on le sent, mais on ne veut pas le savoir. Après tout, perdre n'est pas si grave. Jusqu'à ce que perdre veuille dire mourir.

Arrive un âge où la vie, c'est mourir. Toute la vie, c'est mourir. Mourir jour et nuit, mourir toutes les saisons, mourir pour rien, mourir longtemps, parents mourir, oncles, tantes mourir, collègues mourir, amis mourir. Sœur, frère mourir.

Tous les dimanches de mars sont remplis de souvenirs tristes à mourir depuis que ma mère est partie.

Toutes les dates finissent par être bousillées, toutes.

Plus d'anniversaire de naissance joyeux, parce que c'est aussi l'anniversaire de la mort de quelqu'un qu'on a aimé. Mais Noël est aussi depuis quelques années le jour où l'ami d'enfance a rendu l'âme. Le début du printemps, désormais, rappelle le départ d'un oncle. Un prof adorable s'est suicidé le jour de la Fête du Travail, et on ne l'oublie pas, malgré les années. Pâques, cette fois, coïncide avec la disparition brutale d'un bon collègue. Félix est mort le jour où mon père fête son anniversaire. Il y en a vraiment pour tous les jours de l'année, des dizaines, des centaines, et sans cesse il s'en rajoute, Beckett,

Ma mère et Gainsbourg

Canetti, Hofmann, Faßbinder, Fellini, Jutra, Mankiewicz, Dali, Miró, Moore, von Karajan, Tati, Signoret, Montand, Brassens, Ferré... Gainsbourg.

Gainsbourg est mort un jour de mélancolie. C'est pour ça, sûrement, que je pense si souvent à lui, même si je ne l'aimais pas follement.

J'aimais toutefois sa désinvolture, son insolence.

J'aimais surtout tout ce qui faisait que ma mère ne l'aimait pas. Sa vulgarité (ses efforts pour paraître vulgaire), sa laideur (ses efforts pour mettre en valeur une certaine disgrâce dans les traits du visage), son cerveau imbibé d'alcool en étaient arrivés à m'émouvoir, tellement ils horrifiaient ma mère. Gainsbourg n'avait qu'à paraître : condamné d'avance. Je lui faisais donc chaque fois une petite place dans mon cœur, une place chaque fois plus grande, une place pour certaines phrases de ses chansons, pour les oreilles de singe auxquelles il ne pouvait rien, pour les yeux de poisson qu'il n'avait pas choisis, une place pour les efforts déployés pour rester à la hauteur du personnage, pour les libertés qu'il prenait, avec les mots, avec les convenances. Avec les rasoirs, le savon. Son foie, ses poumons (de toute façon, c'est toujours le cœur qui flanche, au bout du compte). Une place pour Jane, qui n'avait « pas d'allure », disait ma mère, une place pour Charlotte, qui n'était « pas mieux ». Une place pour leur petite folie, dérangeante. Une place pour tout ce qu'elle exécrait aussi chez moi, ma mère.

Ma mère et Gainsbourg.

« Ma mère et Gainsbourg », c'est quand même effarant, cette idée, quand on y pense. C'est un peu comme si ma mère, tout comme au temps de mon adolescence, menaçait de lire mon courrier et mon journal intime et le faisait. Ce sont tous mes secrets qui tombent, mes rêves d'un seul coup dévoilés, mon âme mise à nu.

Mais il n'y a rien à faire, une fois qu'on les a vus ensemble, Gainsbourg et ma mère, on ne peut plus ne pas les voir.

Et c'est mieux de les voir, c'est mieux de remplir le vide de fantasmes. Voir ma mère comme ça, la plupart du temps, ça me fait du bien (parfois, non, mais la plupart du temps, oui). L'esprit n'arrive pas à imaginer le néant, de toute façon. Alors, plutôt que de penser à ma mère sous la terre, décomposée, rongée par les vers, ou encore enterrée vivante, mon esprit l'imagine souvent dans un lieu moins sinistre. Je sais bien qu'elle n'est pas *là* pour vrai (à preuve : Gainsbourg s'y trouve aussi et ils ne se crêpent pas le chignon mutuellement). Mais quand je vois Gainsbourg et ma mère ensemble, côte à côte dans le silence, continuer à vivre m'est moins pénible.

On voit bien Gainsbourg assis sur une boîte de carton au milieu d'un grand désordre, les cheveux en bataille, l'œil globuleux, la cigarette au bec, pas rasé, pieds nus dans des chaussures d'un blanc provocant, le jeans effiloché, râpé aux genoux, un veston à rayures porté telle une chemise sur la peau nue. À ses côtés, ma mère. Je la vois nettement. Elle est allongée dans un fauteuil inclinable, les jambes croisées sur le repose-pieds. Elle porte un tricot épais et un pantalon noir qu'elle aime parce qu'il est très confortable. Aux pieds, des pantoufles bicolores tricotées avec beaucoup de patience et de conviction. Des demi-lunettes installées sur le bout du nez sont enfilées sur un cordonnet noir qui pend de chaque côté du visage et semble lui balafrer les joues. Ma mère est occupée à faire des mots croisés mais un rien la distrait, et alors, chaque fois, ses yeux quittent le journal. Elle relève la tête, l'incline à nouveau et regarde par-dessus ses lunettes. Je distingue mal ce qui autour d'elle attire son attention, tout baigne dans un flou déconcertant, mais de temps à autre je remarque qu'elle pose les yeux sur Gainsbourg assis sur son carton. Mais est-ce bien un carton ? On dirait plutôt une valise posée à plat sur le sol. Gainsbourg semble perdu dans ses pensées. Le menton appuyé dans la paume de la main droite, le coude appuyé sur le genou. L'autre bras repose négligemment sur la cuisse gauche. Avec une loupe, on pourrait lire l'heure à sa montre. Ma mère le regarde. Gainsbourg est dans la lune. Ma mère, dirait-on, regarde Gainsbourg être dans la lune. Puis elle dit quelque chose, mais je ne saisis malheureusement rien de ce qu'elle dit. Gainsbourg pince son mégot de cigarette entre le pouce et l'index, aspire longuement, allonge le bras et tend le mégot incandescent à ma mère qui s'en saisit délicatement et le tient ainsi quelques secondes entre le pouce et l'index pendant que de l'autre main elle porte à sa bouche une cigarette qu'elle allume ensuite à l'aide du mégot brûlant. Puis le mégot entreprend le voyage de retour vers Gainsbourg qui prononce à son tour des mots que je ne comprends pas. Ma mère replonge dans ses mots croisés, Gainsbourg, dans sa rêverie.

Cela me sidère complètement.

Mais en même temps, cela me fait du bien. C'est un tout petit peu – un tout petit peu – comme si ma mère partageait quelque chose avec moi. Comme si ma mère, certes, ouvrait mon journal ou lisait la première ligne d'une lettre qui m'est adressée, mais – comment dire ? – juste comme ça en passant, sans arrière-pensée, peut-être parce que la couverture de mon cahier est belle, parce que la lettre est posée là et que l'encre sur la feuille est d'un bleu attirant, ou parce que moi, sa fille, je suis quelqu'un qu'elle aime et que ce que ma main a touché, la main de ma mère et les yeux de ma mère ont besoin de le toucher aussi.

Une femme qui aimait sa mère me dit : « C'est dur de perdre sa mère. Elle me manque beaucoup : nous étions très proches. » Pendant qu'elle prononce ces mots-là, ses yeux brillent, son visage devient radieux. Il y a de l'intensité, de la ferveur dans la voix et dans le regard de cette femme. De la nostalgie. Mais aucune tristesse. Aucune tristesse désespérante.

Moi, quand je parle de ma mère, la tristesse m'envahit, la tristesse m'étreint. Quelque chose de désespéré prend possession de moi.

Dans la cuisine de ma grand-mère, assise sur un haut tabouret, je regarde droit devant moi. Le tabouret se trouve presque exactement vis-à-vis la porte donnant sur le balcon arrière. C'est l'été, la porte-moustiquaire laisse passer le chant d'un oiseau et mon regard est posé sur un des transats à larges rayures dépliés sur le balcon, juste dans mon champ de vision.

En présence de ma grand-mère, ma mère vient de me demander : « L'aimes-tu, ta mère ? Hein ? L'aimes-tu, ta mère ? »

J'ai pensé : non.

Mais rien n'est encore sorti de ma bouche.

Je réfléchis très intensément avant de répondre. Il me semble qu'il n'est pas possible de répondre « non ». Alors je dis :

– Oui.

– Combien gros ?

– Gros comme le ciel.

Ma mère sourit, satisfaite. Ma grand-mère sourit aussi.

Quel âge puis-je avoir ? Je ne vais pas encore à l'école. Mon deuxième petit frère est-il né ? Il me semble que non. Si je me fie à la robe soleil que je porte ce jour-là, j'ai trois ou quatre ans. Quel âge a-t-on quand la mère s'amuse à vous faire apprendre les célèbres répliques :

– L'aimes-tu, ta mère ?

– Oui.

– Combien gros ?

– Gros comme le ciel.

Je ne sais pas ce que j'aurais répondu, à l'époque, si on m'avait demandé pourquoi je croyais ne pas aimer ma mère.

Je ne sais pas non plus comment on aurait pu savoir que l'envie me tenaillait de répondre « non » à la question rituelle de ma mère.

La question se présentait comme faisant partie d'un jeu, j'aurais pu aussi vouloir jouer pour vrai et, taquine, répondre « non » en laissant échapper un grand éclat de rire. Mais je savais depuis le début de ce jeu, depuis la toute première fois où ma mère m'avait posé la question, qu'il s'agissait d'une question piège et qu'il fallait à tout prix éviter le piège.

Ma mère disait – c'était son principe d'éducation et la base de toute relation à tout enfant : « Faut jamais laisser un enfant faire à sa tête. Un enfant, ça se dompte. Un caractère, ça se casse. »

J'ignore si, à l'époque, ma mère avait déjà exprimé cette règle d'action à voix haute en ma présence. Ce que je sais, c'est que les mots n'étaient pas nécessaires entre nous : je « savais » depuis très tôt qu'elle allait, toute sa vie, s'employer à me casser, ma mère.

« Me casse pas. Je suis tout ce que j'ai », dit un personnage de Ducharme.

Je me souviens du sentiment d'accablement ressenti à l'instant où il m'est apparu que la *seule* possibilité était de répondre « oui » au lieu de « non ».

Je me sentais abattue. Comme cassée en deux.

Un jour, dans un café près de l'université, une très vieille dame m'a abordée. J'avais dix-neuf ou vingt ans, nous étions en mai, c'était dimanche, l'après-midi commençait à peine, le temps s'annonçait splendide et j'étais accablée.

J'étais entrée dans ce café pour me donner le courage de poursuivre ensuite ma route, pour me remonter un peu avec un café bien serré. Un café, une cigarette me tenaient souvent lieu de bonheur, et ce jour-là aussi j'attendais de cette petite pause café-cigarette qu'elle m'aide à me recentrer, à m'apaiser, que le moment de plaisir procuré par un peu de caféine, un peu de nicotine, me donne l'élan nécessaire pour venir à bout de ce que je devais accomplir, ce jour-là : quitter mon univers, prendre le bus, le métro, un autre bus, rouler longtemps, très longtemps et me rendre dans le nord de la ville, où j'avais passé les années les plus ennuyeuses de ma vie, pour célébrer ma mère – car c'était encore une fois la merveilleuse fête des mères.

Je sirotais mon café, regardais par la fenêtre. C'était un bout de rue tranquille parsemé d'arbres magnifiques. Des gens y passaient lentement en ce dimanche après-midi. J'aurais bien aimé pouvoir moi aussi marcher sans hâte tout l'après-midi, flâner dans ce quartier tellement plus agréable que celui dans lequel je devais me rendre encore une fois, le quartier où ma famille avait emménagé quand j'avais une douzaine d'années. Après d'innombrables errances à travers la ville, c'est là que nous avions échoué. Ma mère s'y sentant bien, c'était là, désormais, que se trouvait notre port d'attache.

Je regardais dehors et je me sentais comme une épave.

Je devais me mettre en route pour mon port d'attache et j'avais, comme chaque fois que je mettais le cap direction port d'attache, le sentiment de partir à la dérive.

Il fallait tout laisser derrière soi, les livres dans le hâvre de paix, le texte en chantier, les lettres des amis, les souvenirs accrochés aux murs, tout ce qui avait un lien avec l'être que j'étais, il me fallait – du moins je ne voyais pas d'autre issue – me dépouiller de mes goûts, mes opinions, mes valeurs, mes intérêts, mes idéaux, mes désirs et affronter vents et courants contraires en espérant ne pas subir trop d'avaries. Mais je savais que le risque était grand de me voir rentrer, le soir, complètement désemparée.

Je regardais dehors et pensais au cadeau acheté pour ma mère : allait-il lui plaire ? pourquoi était-ce si difficile de contenter ma mère ? allions-nous avoir droit à une de ces scènes terribles qui nous tombaient dessus avec violence dès que ma mère était frustrée par quelque chose ?

J'entrouvrais mon grand sac à poignées pour en sortir le cadeau dont je voulais encore une fois jauger l'emballage, pour me rassurer, en somme – sinon sur la pertinence du cadeau, du moins sur l'élégance de l'emballage –, quand une dame âgée me demanda la permission de s'asseoir à ma table, toutes les tables étant occupées par au moins une personne. Je me demandai encore une fois pourquoi je semblais attirer à moi toutes ces vieilles personnes grincheuses qui me choisissaient volontiers comme déversoir de leurs déceptions, leurs détestations, leurs interminables récriminations. Je trouvais cela pénible mais ne savais pas encore comment ne pas me laisser envahir par ces gens-là. Tout ce que je réussissais à faire, c'était de n'être pas trop accueillante, de ne pas ouvrir la porte, ne pas nourrir la conversation. Et de fuir au plus tôt. Car je suis liante de nature.

Je répondis donc « oui, bien sûr, d'ailleurs je m'en vais » d'un ton qui se voulait neutre et je rassemblai mes choses pour partir. La dame, elle, s'assit et, apercevant le cadeau, me dit : « C'est un bien beau cadeau que vous avez là. C'est pour votre mère ? – Oui, répondis-je en amorçant un mouvement pour me lever. – C'est désagréable d'aller voir votre mère, hein ? – C'est-à-dire... – Elle n'est pas aimable, hein ? – Pas tellement. – Si elle n'est pas aimable, vous n'avez pas à l'aimer. Le mot le dit. »

Je n'avais jamais vu les choses ainsi.

Je me levai, lui adressai un petit sourire : « Vous avez sans doute raison. Bonne journée. – Bonne journée à vous aussi. Demain, la journée sera sûrement plus agréable. Vous savez ce que je fais, moi, avec les gens que je n'arrive pas à aimer, parce qu'ils ne sont pas aimables ? Je les donne à mon Dieu. Ça sert à ça aussi, un Dieu. Je lui dis : "Je te confie Untel. Je suis incapable de l'aimer. Aime-le pour deux, tu en es capable. Moi, l'aimer, c'est au-dessus de mes forces." Confiez-la donc à Dieu. Moi, ça m'enlève un gros poids, ça me libère de l'emprise de ceux que je me sens coupable, autrement, de ne pas aimer assez. Allez, bonne journée malgré tout, c'est un mauvais moment à passer. Demain, la fête des mères ne sera plus qu'un souvenir que vous pourrez ranger dans un coffre à trésors ou jeter à la poubelle... »

Je quittai le café, et quand je passai devant la fenêtre pour aller prendre le bus au coin de la rue, la femme me fit un petit signe de la main, et sur ses lèvres je lus « Bonne journée » à nouveau.

Je n'ai jamais pu oublier le visage lumineux de cette femme.

Je m'étonne, maintenant que la mienne est morte, que certaines personnes puissent affirmer ne rien avoir ressenti de particulier à la mort de leur mère, ne pas avoir été un peu déboussolées par cette disparition, ne pas avoir pensé à leur propre mort à venir, ne pas s'être plus que jamais questionnées sur ce qui arrive, quand on meurt, ne pas avoir souhaité une seconde qu'il y *ait* quelque chose, après, quelque chose comme la vie encore, ou du moins *une* vie, une dimension, ne serait-ce qu'un *lieu* où au moins l'esprit puisse embrasser l'esprit encore.

Qu'on ait aimé ou qu'on ait haï sa mère n'y change pas grand-chose, il me semble. Si on l'a aimée, je ne peux pas imaginer qu'on ne souhaite pas retrouver, poursuivre cet amour. S'il n'y a pas eu d'amour, je ne peux pas davantage me représenter qu'on ne souhaite pas (pas une seule seconde) que la mort puisse être libératrice et que, une fois libéré des contingences terrestres, un brin de cet amour soit possible enfin.

Je ne crois pas qu'il y ait quelque chose après.

Mais je souhaiterais qu'existe un lieu maintenant, de mon vivant, où je puisse rencontrer ma mère quelques minutes chaque année, ma mère libérée par la mort, adoucie, détachée de tout. Ce serait un endroit neutre, quelque part, où les vivants iraient rendre visite à leurs morts, simplement au lieu d'aller se recueillir sur leurs tombes ils se retrouveraient à cet endroit qui rappellerait peut-être un parloir. Mais ils n'auraient pas à parler, n'auraient plus rien à expliquer, à justifier, à reprocher, à demander, il n'y aurait que le silence et la paix entre les morts et les vivants, et quand arriverait ma mère, que j'aurais attendue au parloir, nous marcherions lentement l'une vers l'autre, il ne serait même pas nécessaire de se regarder ou de se sourire, il suffirait de se rapprocher le plus possible l'une de l'autre et, un peu comme dans la scène finale de *Rain Man*, nous pencherions nos têtes l'une vers l'autre jusqu'à ce qu'elles se touchent presque, et cela ferait du bien, cela serait affectueux et intime, comblant et pacifiant comme l'amour, et quelques minutes de cet amour suffiraient pour vivre une année entière sans mère.

C'est très dur de perdre sa mère quand on n'a pas été proches. Très dur de perdre sa mère quand on ne l'a pas eue.

Je la revois dans son cercueil.

Les mois passent, les saisons passent.

Je suis tellement fatiguée, tellement.

Je voudrais tellement enterrer cette femme et qu'on n'en parle plus, qu'en moi le silence se fasse, que ma tête comprenne enfin, ou que mon cœur accepte, mais qu'en moi ça cesse de se casser la tête et de s'abîmer le cœur, que ça cesse de vouloir faire le tour de la question, que ça cesse de tourner autour de ma mère insaisissable, inaccessible.

La laisser partir avec ses secrets, ses contradictions, ses rêves, ses attentes, ses déceptions, ses faiblesses, ses blessures, ses victoires, ses courages et ses lâchetés, ses défaites, ses complexes, ses fiertés, ses réussites, sa bonne volonté et sa mauvaise foi, sa ténacité, son désespoir, son pessimisme, ses angoisses, ses convictions, sa révolte.

La laisser partir jusque dans mes entrailles, jusque dans mes neurones, jusque dans mes gènes, elle et son double, elle et celle que j'aurais voulu qu'elle soit.

Pourtant, tout ce qu'il me reste, c'est l'absence.

Alors pourquoi l'idée de ma mère ne s'est-elle pas encore abolie dans cette absence ? Pourquoi ne s'y est-elle pas encore fondue, dissoute ?

Je tourne autour, je rôde.

Les assassins reviennent peut-être infailliblement sur les lieux du crime, mais les assoiffés ne sont pas mieux, qui cherchent la source jusqu'à épuisement, et leurs pas ramènent les abandonnés sans cesse vers le lieu de l'abandon.

Trop de regrets l'habitent encore, cette absence, trop de cette blessure qui n'a pas encore trouvé son baume – comme on trouve chaussure à son pied.

Mais je voudrais trouver la chaussure qui convient à mes pieds de vivante, trouver ce qui apaise quand la seule mère qu'on avait est partie, trouver l'énergie qu'il faut pour avancer et le calme nécessaire au sommeil.

Je voudrais continuer seule. Continuer – seule.

L'enterrer convenablement. En faire mon deuil.

Et diriger mes pas vers d'autres lieux, emprunter d'autres chemins, fouler des sols dans lesquels il n'y a pas – à chaque pas – un squelette.

La terre est pleine de cadavres et mes pieds tournent en rond.

Tourner en rond, c'est quand même marcher.

Qui voudrait renoncer à tourner autour du pot quand c'est tout ce qui lui reste ?

Je suis plus près de ma mère dans sa disparition, plus près d'elle dans ma douleur qu'au cours de toutes ces années où ma mère a été vivante. Les autres aspects de ma vie sont, depuis sa mort, comme en suspens : toutes mes questions vont vers ma mère, sont centrées sur elle. Tourner autour d'elle l'empêche de mourir dans mon souvenir. Tourner autour d'elle l'étourdit, l'hypnotise, la fige sur place. Tourner autour d'elle sans cesse, à vive allure, avec des mots qui déboulent, garde ma mère au centre de ma vie, l'empêche de disparaître.

C'est à ses pieds que mes mots échouent, s'amoncellent, s'accumulent. On dirait des fleurs qui poussent, des enfants qui grandissent. J'entoure ma mère de ces mots, construis une maison autour d'elle. La mort de ma mère accomplit son œuvre en moi, m'oppresse, me triture, me déchire et fait sortir les noyaux de ma gorge.

J'ai cherché ma mère partout et la voilà tout près.

La disparition de ma mère est une épreuve, certes, un malheur qui éprouve mon courage, mais aussi une *épreuve* comme on en rencontre dans les contes, un test à l'issue duquel – si je le réussis – la sorcière s'évanouira, ne laissant derrière elle que son chapeau pointu, le crapaud se transformera en prince : ma mère me sera conférée comme un pouvoir, décernée comme une récompense, confirmée comme un don. La mère qui meurt sans qu'on ait pu s'en approcher était prisonnière d'un mauvais sort, la mort l'en délivre mais ceux qui restent n'en sont pas libérés pour autant – du sort ? de la mère ? de la mort ?

Il y a des mères dont il faut attendre la mort pour pouvoir les toucher, quand elles ne peuvent plus reculer, refuser. Les mères qui meurent sans qu'on ait pu se blottir dans leurs bras appartiennent à ceux qui arrivent, à force de ténacité et de compassion, à les encercler de leur amour, à dire moi je l'aime moi je la veux moi je la prends et je ne partirai pas tant que je ne la tiendrai pas dans mes bras.

Je n'ai jamais été si près de ma mère, si près des méandres de son être, si près des empêchements de son cœur, des barrières et des murs érigés autour d'elle, je n'ai jamais été aussi près de sa prison.

Je ne suis pas « en contact » avec ma mère, je ne la crois pas encore vivante, je ne suis pas en conversation avec elle, il n'y a pas de téléphone magique, ésotérique qui nous relie. Elle ne me parle pas de l'au-delà et je ne m'adresse pas à elle dans l'au-delà.

Ma mère est morte et il ne doit pas rester grand-chose de son corps dans le cercueil sous la terre.

Mais ma mère continue à vivre en moi parce que sa vie et la mienne se recoupent, parce que la sienne interfère encore avec la mienne, parce que sa mort traverse ma vie et crée elle aussi une interférence, parce que j'ai besoin d'un peu de temps pour trouver la manière de laisser mourir ma mère sans mourir moi-même.

Dans les moments où j'ai rêvassé à ce qui aurait pu être différent, dans ma vie, ont défilé, à travers les années, des souhaits comme : être née ou avoir grandi ailleurs, avoir été plus belle, avoir hérité d'une autre langue maternelle, avoir vu le jour dans une famille moins pauvre, avoir eu des talents plus variés, ne pas avoir été l'aînée de ma famille, et surtout : avoir eu une mère différente.

Évidemment.

Évidemment, la mère change tout.

Avoir eu une autre mère m'aurait donné une autre vie.

Ou pas de vie du tout.

Il y a longtemps que je ne m'attarde plus (ne m'attriste plus) à penser : si j'étais née sur un autre continent, si ma langue avait été l'anglais ou le chinois, si ma famille avait eu les moyens de m'offrir des leçons de violon, si j'avais été une blonde filiforme, si j'avais eu plein de frères et sœurs, si mes parents avaient été instruits, si j'avais grandi à la campagne... Regrets qui font mal pour rien. Je tourne le bouton quand une phrase semblable me traverse l'esprit. Je n'ai plus les moyens de perdre du temps à pleurer sur mon sort.

Mais – pourtant – depuis que ma mère est morte, il y a une rêverie qui est revenue et à laquelle je n'arrive pas à échapper : j'imagine ce qu'aurait été ma vie si ma mère avait été douce, par exemple.

J'imagine ce que ce serait que d'avoir le souvenir d'une mère douce, affectueuse.

J'aimerais avoir un tel souvenir.

J'imagine parfois une mère douce et chaleureuse.

Sa voix lui ressemble : douce. Traînante, ou légère, mais toute douce.

Son visage est attachant (grave ? espiègle ?). Doux.

Ses mains : consolantes, alertes, chaudes. Douces, douces dans les gestes.

Son regard est lumineux, son sourire aussi. D'une douceur qui vient du cœur, du fond du cœur.

On a envie d'aller vers ma mère, ses yeux appellent, ses bras accueillent.

Ma mère sent bon, elle sent doux. Elle sent le calme, la douceur de vivre.

Ma mère, douce, chaleureuse, donne le goût de vivre, le goût d'aller et de venir, de partir, de revenir quand bon nous semble.

Plus j'y pense, et plus il m'apparaît que le début (de la fin) se trouve au début (de ma vie).

Ma mère a été perdue pour moi quand j'ai commencé à parler et à marcher, ma mère s'est détournée de moi quand j'ai commencé à la décevoir, à lui échapper, à être moi – quand j'ai commencé à lui échapper en étant moi.

J'aimerais avoir le souvenir d'une mère qui sait que les autres ne sont pas elle, ne sont pas des copies d'elle, et qui l'accepte et s'en réjouit : elle ouvre les bras, les referme généreusement, les ouvre à nouveau, les occupe à mille choses, les tend spontanément, les ferme, les ouvre, les fait travailler, les repose, les noue au cou des autres, doucement.

J'aurais aimé que ma mère vive très longtemps. Cela m'aurait plu de la voir vieillir, de la connaître beaucoup plus vieille, très vieille, transformée par le grand âge, les cheveux complètement blanchis, amaigrie et plus légère comme le sont souvent les vieilles personnes, plus douce parce que plus faible, peut-être, mais du moins adoucie par les ans, j'aurais aimé sentir plus longtemps le temps qui s'étire encore un peu parce que les parents sont encore vivants même si on a soi-même soixante, soixante-quinze ans... J'aurais voulu qu'elle ait le temps de se préparer à partir, qu'elle ait la chance de souffler quatre-vingt-cinq, cent bougies, émue, consciente de sa chance, sentant comme chaque instant de plus est rien de moins qu'un cadeau, j'aurais aimé que ma mère ait quatre-vingt-quinze ans et moi soixante-dix, que ma mère soit centenaire, et même plus vieille encore...

Ma mère ne pouvait s'imaginer vieille. Ne croyait pas qu'elle atteindrait un âge avancé. Mon père souhaite et se voit très bien devenir nonagénaire, mais ma mère, elle, non, elle n'avait pas cette vision, cette conviction.

Elle aurait eu trois quarts de siècle en l'an 2000, mais chaque fois que quelqu'un faisait allusion à cette date un peu magique, un peu mythique (moi-même je pensais avec émotion au demi-siècle que j'aurais alors), je voyais bien que ma mère ne prenait aucune part à cette fête anticipée – car, oui, pour diminuer l'anxiété de ma mère qui avait lu tôt dans sa vie Nostradamus et tous les prophètes de cataclysmes et de fins du monde, pour

94

conjurer les mauvais sorts et remplacer dans l'imaginaire de ma mère l'image de la catastrophe par celle d'un événement heureux, je décrivais toujours ce moment comme quelque chose de plutôt féerique : imagine à quel point ce sera un instant rare, imagine, disais-je en 1960, moi-même encore sous le choc de cette découverte toute neuve qui ressemblait presque à une révélation, imagine l'énorme fête, imagine tous les feux d'artifice et les serpentins qui fendront l'air, cette nuit-là, imagine tout ce qui changera, cette nuit-là, quand nous passerons du 31 décembre 1999 au 1er janvier 2000, d'ailleurs écoute comme ça ne ressemble à rien, « 1er janvier 2000 », on aurait envie de dire « 1er janvier de l'an 2000 »... imagine ce qui va arriver dans le monde entier à toutes les montres qui en plus de donner l'heure indiquent une date, imagine partout dans le monde l'immense horloge qui va faire le décompte à la télé, imagine... imagine les millions de calendriers sur toute la planète, les millions d'agendas, imagine tous les carnets de chèques partout sur la terre, il n'y a plus rien d'ancien dont on peut se servir à partir de cette nuit-là, tout ce qui commence par 19 est complètement dépassé, complètement d'une autre époque, tout le monde sur la planète aura un carnet de chèques flambant neuf, peut-être qu'on fêtera la Saint-Sylvestre sur la lune, disais-je en 1969, alors que ma mère n'avait encore jamais mis les pieds en Europe, imagine tout ce qui va changer d'un seul coup : l'année, la décennie, le siècle et le millénaire, tu te rends compte, on va connaître ça, toi et moi, disais-je en 1976, peut-être même qu'on aura changé de pays, disais-je pour la provoquer un peu, pour la faire réagir, les très très méchants péquissssssssss – Yeah ! – auront dézippé, déboutonné, détaché la province depuis des années déjà et le Québec voguera au milieu de nulle part, dérivera vers les mers du Sud, peut-être même qu'on sablera le champagne les pieds dans l'eau turquoise, ma chère, les fesses dans le sable fin, du sable doux et blanc comme de la farine, plus de neige à l'horizon, tu t'imagines ? Peux-tu t'imaginer, maman, disais-je en 1980, que j'aurai un demi-siècle, à ce moment-là ? Peux-tu t'imaginer ? Il y a tellement de choses qui seront différentes, dans nos vies... dans la tienne, dans la vie de tes enfants, de tes frères et sœurs, et tu vas voir tout ça, tu seras témoin de tout ça, tu te rends compte, disais-je en 1990, vous serez à la retraite depuis presque dix ans, papa et toi, vous ferez la belle vie, peut-être que le soir du 31 décembre c'est au bord de la Méditerranée qu'on ira vous rejoindre pour fêter l'arrivée de l'an 2000, disais-je à ma mère qui avait entre-temps visité plusieurs pays et n'aurait pas détesté pouvoir un jour « prendre sa retraite » sous le soleil de l'Espagne, c'est excitant, c'est émouvant, ce n'est pas tout le monde qui vivra ça, ce n'est pas tout le monde qui pourra dire « J'étais là le 1er janvier 2000, bien vivante, en pleine forme, et au douzième coup de minuit j'ai crié "Lapin blanc !" et on s'est souhaité "Bonne année 2000" », tu t'imagines ?

J'aimerais pouvoir dire simplement : quand je parlais de l'an 2000, ma mère me regardait avec incrédulité.

Mais, à vrai dire, elle ne me regardait même pas. Je parlais dans le vide. Je crois que l'avenir – tout ce qui était à venir – la terrifiait trop pour qu'elle consente à se le représenter.

Ma mère ne connaîtra pas l'an 2000, ne vivra pas ce glissement, que j'imagine un peu particulier, d'un millénaire à un autre.

Peut-être qu'il n'y a pas d'avenir sans une bonne dose d'imagination.

J'aurais souhaité que ma mère voie mon père vieillir, j'aurais aimé les voir faire ensemble l'expérience d'être un couple de septuagénaires, d'octogénaires, j'aurais bien aimé que ma mère puisse voir ses enfants avancer en âge, se transformer, qu'elle soit témoin des quarante ans de sa benjamine et des cinquante ans de son aînée, qu'elle soit émue à la vue de mes premiers doubles foyers, mes premiers cheveux blancs, j'aurais aimé qu'elle voie le panorama qui s'offre du haut de mon nouvel appartement, qu'elle vienne manger sur ma nouvelle terrasse bordée de fleurs, qu'elle s'émerveille devant mon télécopieur comme elle l'avait fait devant mon ordinateur, j'aurais voulu pouvoir lui faire découvrir Internet parce que j'aurais aimé pouvoir la regarder écarquiller les yeux, secouer la tête, n'y rien comprendre mais s'émerveiller de toute cette magie et l'entendre me raconter pour la énième fois le jour où sa propre mère avait pour la première fois allumé un poste de télé.

J'ignore encore tout des inforoutes et tant que je n'y serai pas contrainte par mon travail, je ne chercherai pas à me rapprocher de cette « nouvelle voie de l'avenir » : je ne ressens aucune attirance, aucun intérêt pour la chose, tout comme je n'ai plongé dans le merveilleux monde des ordinateurs que lorsqu'il ne fut plus possible de contourner cet outil, et comme je n'ai consenti à l'achat d'un télécopieur usagé que parce que des contrats en dépendaient. Mais rien de ce que je fais, de ce que j'aime, de ce qui me fascine ne suscitait le moindre intérêt chez ma mère. Sauf qu'un jour, quelque chose en rapport avec mon travail a fait briller ses yeux, quelque chose que personne encore ne lui avait donné à voir et qui l'a beaucoup impressionnée : l'ordinateur que je venais d'acquérir et que je savais à peine faire fonctionner. Il a suffi que je l'allume et les yeux de ma mère se sont allumés à leur tour. Pour ces yeux-là, j'aurais fait des bêtises, j'aurais fait entrer chez moi des ordinateurs couleur, des imprimantes au laser, des jeux vidéo, des fax-modems, tous les robots à venir, ceux qui danseront et ceux qui chanteront, et je me serais branchée sur tous les réseaux du monde.

Ma mère : généralement si difficile à impressionner, à déstabiliser, et parfois – à de très rares moments qui sont gravés dans ma mémoire – naïve et crédule comme une enfant. J'aurais aimé qu'elle vive si vieille que l'enfance eût, vers la fin, repris le dessus en elle.

J'ai du mal à imaginer ma mère enfant. Pas pour les raisons habituelles, pas parce qu'il me serait difficile de penser à elle petite, de me la représenter sans cheveux ou avec ses dents de lait, rampant, grimpant, mangeant de la bouillie, tétant un biberon, apprenant à marcher, à parler, assise sur un banc d'école, traçant des A maladroits. Non, si j'ai du mal à imaginer ma mère enfant, c'est tout simplement à cause de ma grand-mère.

Ma grand-mère. Lorsqu'elle me vient à l'esprit, je pense à elle justement comme à une grand-mère – la mienne – et non comme mère de ma mère. Exactement le contraire de ce qui s'est passé du côté paternel (la mère de mon père ne fut pour moi jamais rien d'autre que la mère de mon père).

Ma grand-mère, je l'ai toujours connue douce, aimable.

Ma mère l'aimait. Elle n'a toujours eu que de bonnes paroles à son sujet. Le seul regret qu'elle exprimait se transformait chaque fois en récrimination mais à notre égard, nous qui l'entourions alors : sa mère, qui avait mis quinze enfants au monde, n'avait pas pu la materner longtemps – pas assez longtemps au goût de ma mère. Il y en avait tant d'autres dont il fallait s'occuper ! Ma mère avait souffert de devoir partager sa mère avec ses frères et sœurs. Elle avait besoin, elle aussi, disait-elle sur le ton d'un réquisitoire, d'être *maternée*, pourquoi ne la *maternions*-nous pas et pourquoi voulions-nous être *maternés* par elle qui ne l'avait pas été et attendait encore de l'être ?

Ma mère aimait sa mère et déplorait ne pas l'avoir eue à soi autant qu'elle l'aurait souhaité.

J'ignore comment était la mère de ma mère – je veux dire : comme mère – mais ma grand-mère était douce et aimable et j'ai du mal à imaginer qu'une personne aussi grand-maternelle n'ait pas été également très maternelle. Qu'elle ait dû se partager en quinze n'y change pas grand-chose à mes yeux, et le fait que ma mère n'ait eu rien d'autre à lui « reprocher » me renforce dans mon étonnement : comment une femme qui a eu une mère douce et aimable et qui l'a aimée et qui en redemandait peut-elle ne pas vouloir à tout prix – du moins, ne pas réussir à – être une mère douce et aimable à son tour ? Qu'est-ce qui empêchait ma mère de donner à ses enfants ce qu'elle aurait souhaité elle-même avoir en plus grande quantité dans son enfance ?

Cela est si incompréhensible pour moi que j'en ai du mal à imaginer ma mère ayant eu comme mère, pour de vrai, la femme douce et aimable que j'ai connue plus tard sous les traits de ma grand-mère. Je ne peux me représenter le regard tendre de ma grand-mère posé sur l'enfant que fut ma mère parce que je ne peux comprendre qu'on ait pu résister à ce regard de bonté. Je n'arrive pas à comprendre comment un être qui a eu la chance d'avoir ma grand-mère pour mère ait pu devenir la mère que j'ai connue, moi.

Je suis dure à mon tour.

Je ne le voudrais pas.

Comprendre est parfois vraiment une tâche ardue.

Accepter l'est encore plus.

Surtout accepter sans comprendre.

Mais peut-être qu'il n'y a pas d'avenir sans un brin de pardon.

Une mère qui meurt, parfois c'est la seule mère qu'on pouvait avoir, la seule dans cette vie-là, ou à ce moment-là de l'existence – qui contient peut-être plus qu'un seul et unique début et plus qu'une seule fin.

Je sais maintenant que certaines personnes ne peuvent aimer certains êtres que mourants ou morts. Depuis que ma mère est décédée, j'ai essayé plus que jamais de comprendre pourquoi l'amour n'avait pas été possible entre nous. J'ai tenté de localiser les failles. Je n'ai pas résisté à la tentation de chercher les fautes, les responsabilités.

Je me suis sentie coupable de ne pas avoir réussi à l'aimer de la façon dont elle souhaitait être aimée, elle. J'ai cherché ce que je n'avais pas donné, ce que j'aurais pu faire, ce qui avait manqué chez moi, en moi, ce que j'avais dû faire de maladroit, ce que j'avais dû dire, j'ai cherché à identifier où j'avais failli à la tâche.

J'ai plus tard ressenti du dépit à l'idée de ne pas avoir été aimée par elle malgré tous mes efforts, et une certaine honte de ne pas avoir réussi à susciter l'amour de ma propre mère à mon égard. J'ai ressenti de la colère en constatant que de n'avoir – finalement – pas été aimée comme je le souhaitais, moi, pouvait encore m'atteindre alors que j'avais, de son vivant, tant travaillé à me rendre imperméable à son inamour, à faire le deuil de l'affection et du soutien que j'aurais aimé connaître.

C'est extraordinaire et terrible de constater à quel point les expériences-limites sont pleines de clichés, de lieux communs. Et aussi de tabous, de conventions, de préjugés.

Au cours des mois qui ont suivi sa mort, je me suis dit et redit bien des fois ce qui nous traverse souvent l'esprit lorsque meurt quelqu'un avec qui l'entente n'a pas été possible, tous ces « j'aurais dû » (« j'aurais dû faire telle chose, dire telle chose, exiger telle chose, refuser telle chose »), « j'aurais pu » (« j'aurais quand même pu dire telle chose, consentir à telle chose, refuser telle chose, demander telle chose, faire telle chose »), « j'aurais dû pouvoir » (dire, faire, demander, donner), « j'aurais dû pouvoir vouloir » (faire, dire... exiger, refuser...). Et ainsi de suite.

Sachant désormais comment la vie de ma mère s'était terminée, connaissant désormais la brièveté de cette vie, sachant désormais que ma mère était restée fermée et inaccessible jusqu'à la toute fin de son existence, sachant désormais que rien d'ordinaire, de courant, de normal n'avait réussi à attendrir ma mère même au cours des dernières années de sa vie (que je savais désormais avoir été les dernières années de sa vie) et sachant désormais que les comportements si difficilement supportables qu'avait parfois cette femme auront finalement été à ce point limités dans le temps, je me suis fait mille reproches : avoir su qu'au bout d'une quarantaine d'années, ce serait fini, j'aurais fait mille fois plus d'efforts – pour supporter, encourager, tenter d'expliquer, faire comme si de rien n'était, pour ouvrir des portes qui semblaient blindées ou au contraire ériger des frontières infranchissables, me protéger, ne pas pouvoir être atteinte par le mauvais en ma mère et devenir ainsi complètement disponible aux bons côtés de ma mère. Savoir : une quarantaine d'années, et après tout est fini, on peut respirer, aller, venir, être soi-même sans détour, dire ce qu'on pense comme on le pense, faire ce qui semble juste, vrai. Sans drame, sans mélodrame.

Une quarantaine d'années, c'est très vite passé.

Et terriblement long à la fois.

C'est long quand tout est compliqué, quand tout est toujours à refaire, quand ça n'avance pas et qu'il faut chaque jour se répéter, justifier, reculer, s'acharner, c'est long, surtout, quand on ne voit pas la fin de tout ça.

Après, quand elle est morte et que c'est fini, c'est incroyablement tentant de plonger tête baissée dans les j'aurais-dû-j'aurais-pu, on est attiré comme par un aimant dans ce formidable piège. Tout étant désormais fini, on a du mal à imaginer pourquoi on n'aurait pas pu tenir le coup quelques années encore, et même, pire, comment il se fait qu'on n'y arrivait pas, qu'on n'y est pas arrivé du tout, jamais en quarante ans. Tout semble tellement facile, maintenant.

Mais il suffit de trois secondes, d'une seule image, de quelques mots traversant mon esprit et je sais à nouveau que, non, ce n'était pas possible. Tous les souvenirs me ramènent là : il y avait un abîme entre nous, une montagne. Un autre gouffre, encore, et une autre montagne.

Elle serait à nouveau ici, vivante parmi les vivants, et je saurais tout ce que je sais maintenant, et elle m'aurait manqué comme elle m'a manqué depuis tout ce temps sans elle, et tout serait comme avant : compliqué, frustrant, douloureux.

Ma mère ne me manque que morte.

Dans la tête et le cœur de ma mère poussaient – comme poussent dans le cœur d'autres mères des désirs d'étreintes – des attentes. Des attentes, toujours des attentes, démesurées, impossibles à combler. Longtemps, très longtemps, presque toute ma vie du temps de ma mère, j'ai cru ceci : je ne suis pas à la hauteur – croyance très répandue dans la population des fils et des filles dont les parents sont impossibles à satisfaire.

Sans cesse, apparemment, quelque chose clochait chez moi : mes goûts, ma santé, mes projets, mes amis, mes études, mon travail...

Avec le temps, cependant, une chose est devenue plus claire : ce n'était pas tellement ce que je faisais, étais ou avais qui clochait, mais plutôt ce que je n'avais pas, ce que je ne faisais pas, ce que je n'étais pas et, vraisemblablement, ne serais jamais, n'accomplirais jamais, ne posséderais jamais. Ma mère, au fond, ne voyait pas mes qualités, mes actions, les retombées de ces actions, mon cheminement, ma vie. Complètement ob-nubilée par ses attentes, elle n'avait d'yeux que pour mes manques, mes lacunes, mes failles, mes faiblesses, mes échecs, mes refus, mes incapacités et inaptitudes. Elle semblait obsédée par ses rêves restés en suspens, irréalisés – par tous ses proches irréalisés, ses parents, ses frères et sœurs, son mari, ses enfants. Je faisais partie de tous ces déceveurs. Décevoir était à ses yeux quelque chose d'actif, d'intentionnel : « Tu m'as déçue. » Comme si ne pas réaliser ses rêves à elle relevait d'une volonté, d'un refus, d'une conspiration contre elle.

Je ne réalisais pas ses rêves : elle n'avait d'autre choix que de se rabattre sur la réalité. Qu'elle ne pouvait que critiquer amèrement, sans merci, sans exception, toujours.

Puis, plus tard, beaucoup plus tard, un événement me fit comprendre que même si, par hasard, une de mes actions entrait dans sa sphère de rêves en attente, si, par hasard, j'accomplissais quelque chose qui tombait « dans ses cordes », elle ne pouvait s'en réjouir, manifester son contentement, me féliciter : c'était certes une action, un geste, une performance attendus mais le geste n'avait pas assez d'éclat, l'action n'était pas assez spectaculaire, la performance aurait pu être plus grande. Ce jour-là, j'ai saisi tout ce que je n'avais pas encore compris de son système d'appréciation des actes de ses proches : jamais je n'aurais assez d'enfants pour combler ses attentes de descendance, jamais ma maison ne serait assez grande, assez pleine d'objets, mon auto ne serait jamais assez confortable pour elle, je ne serais jamais assez disponible, mes cadeaux jamais assez gros, assez fréquents, il manquerait toujours quelque chose et toujours quelque chose laisserait à désirer.

Ce jour-là – plein de tristesse et d'amertume – j'ai perdu ma mère encore un peu plus. Alors, instinctivement, je m'en suis éloignée moi-même encore un peu plus. J'ai tiré un nouveau trait (jusqu'ici et pas plus loin), tourné une autre page, fermé des portes.

Durant l'année qui a précédé sa mort, ma mère et moi étions très loin l'une de l'autre. Ma mère, j'en suis convaincue, était rendue au bout de sa corde (au bout de ses attentes face à la vie) et se laissait aller. J'étais moi aussi rendue au bout de ma corde (ma patience complètement usée, ma tolérance près du point zéro) et j'ai alors choisi de vivre au lieu de sombrer avec elle.

Cette année-là, ma mère s'était mise à déraper. Depuis *toujours*, elle était allée trop loin, envahissant le territoire des autres, cherchant à tout contrôler, surtout la vie de ceux qui gravitaient autour d'elle. Mais jusque-là, elle avait su, je dirais, *jusqu'où* aller trop loin, comment camoufler ses pièges. Maintenant, les choses lui échappaient de plus en plus, les gens lui échappaient. Elle avait commencé à dépasser les bornes, et tout à coup, cela s'était mis à débouler autour d'elle. Et plus son environnement lui échappait, plus ma mère tentait de resserrer l'étau. Mais plus elle resserrait l'étau, plus cela se rebellait : de plus en plus de gens la laissaient tomber, les objets lui restaient dans les mains, ma mère pleurait, rageait, sortait ses dernières munitions pendant que le bateau coulait, elle me faisait penser au terroriste qui n'a plus rien à perdre et tue ses otages l'un après l'autre, coupant un à un tous les ponts derrière soi, rendant chaque jour plus impossible encore que la veille toute chance de réhabilitation. Despote ayant perdu presque d'un coup tous ses esclaves, tyran abandonné par son peuple, ma mère sombrait, coulait à pic, et je suis convaincue qu'elle savait, qu'elle sut alors – plus que confusément, même – que le naufrage avait commencé pour elle.

L'année qui a précédé sa mort, j'ai à quelques reprises joué le tout pour le tout, je lui ai dit deux, trois choses que depuis toujours elle ne voulait pas entendre, j'ai dit « Les gens ne sont pas là pour faire ce que toi tu veux qu'ils fassent », « Tu le sais, maman, que ce que tu dois changer, c'est ta façon de voir les choses », « Il suffirait que tu décides qu'à partir d'aujourd'hui tu adoptes une attitude complètement différente envers les autres... », mais ma mère ne m'a jamais laissée aller plus loin qu'une phrase, elle me coupait la parole et lançait sur un ton qui n'invitait pas à la réplique : « Laisse-moi tranquille ! », « Vous voulez me faire mourir, c'est ça, hein ? », « Je me suis privée de tout pour vous autres ! », « Tout le monde a toujours été *cheap* avec moi... », ou encore « Laisse faire, quand je vais mourir, les gens vont être surpris... Mais il va être trop tard ! »

De toute évidence, il était déjà trop tard.

Les morts sont les grands gagnants. Il y a des jours où cela me semble d'une évidence crasse : les morts raflent le gros lot, les vivants restent là, les bras ballants. Les morts, d'un seul coup, ont tout pour eux. D'abord, ils ont la paix, cela va de soi, mais ce n'est pas peu. Car c'est de tout qu'ils se trouvent libérés, la liste est longue comme la vie.

Au début, certes, on pense plutôt à la malchance qui s'est abattue sur eux, à tout ce qui leur est enlevé en une fraction de seconde – la vie, c'est-à-dire les grandes joies et les petits bonheurs de la vie –, mais peu à peu c'est l'envers de la médaille qui saute aux yeux : la chance inouïe qu'ils ont de n'être enfin plus là, aux prises avec la vie, c'est-à-dire avec les grands drames et les petits chagrins sans fin, tout ce qui leur est épargné désormais, redistribué entre les vivants comme une surcharge à assumer par ceux qui restent.

Mais, surtout, les morts ont raison.

Parce qu'ils ne peuvent avoir tort, parce qu'il est odieux de faire le procès d'un absent, parce que la mort efface tout.

La mort efface tout.

Même quand on est contre le diktat, on le voudrait bien, au fond, que la mort effaçât tout. Dans certains cas, du moins. L'oubli ferait du bien. Souvent.

S'il y a un temps pour la colère, il devrait bien y avoir un temps pour son contraire, et si son contraire pur n'est pas possible (qui pourrait être la paix), il doit bien y avoir un temps pour un ersatz d'une certaine qualité et qu'on pourrait appeler

l'oubli, l'oubli volontaire, la mise en veilleuse ou entre parenthèses, l'omission positive, une sorte de prescription, de décision
politique, une trêve pour la mémoire, l'action de laisser passer
le temps sur ce qui eut lieu et sur ce qui n'eut pas lieu.

S'il ne peut y avoir pardon, parce qu'on ne peut accorder
son pardon que s'il est demandé, il peut sans doute y avoir
prescription. S'il existe un devoir de mémoire, il doit bien
exister aussi un devoir d'oubli.

Depuis la mort de ma mère, il me semble que le temps file plus vite que jamais. Après s'être arrêté, on dirait qu'il s'emballe. Une saison n'attend pas l'autre. J'ai l'impression de vieillir d'un an à chaque nouvelle lune. Il y a de plus en plus de taches brunes sur mes mains, mes bras.

Au fil des saisons, une chose étonnante se produit : le visage de ma mère s'estompe peu à peu, ce visage pourtant si bien imprégné dans ma tête.

Au fur et à mesure que le visage de ma mère se défait, une chose plus surprenante encore se produit qui me jette dans le plus profond des désarrois : je commence à ressembler à ma mère.

Je m'éloigne d'abord, doucement, de la quarantaine, puis je m'approche de plus en plus dangereusement de la décennie suivante. Et pendant tout ce temps, au fil des mois et des saisons qui roulent de plus en plus vite, mon corps se transforme plus que jamais. Une force irrésistible semble le tirer tout entier vers le bas et mon visage lui aussi suit le mouvement qui mène – n'ayons pas peur des mots, jamais – lentement mais sûrement vers la terre. Mes paupières, comme le reste de mon corps, s'alourdissent, et leur courbe descendante s'accentue. La peau de mes mains, comme celle de ma mère autrefois – elle s'en attristait tellement – devient mince comme du papier de soie. L'iris de mes yeux pâlit comme le fit celui des yeux de ma mère à partir d'un certain âge. Je crois même en cela la devancer un peu.

Cette métamorphose est une véritable épreuve. Tous les matins, tous les soirs devant le miroir je constate l'ampleur du phénomène, pour ne pas dire du « désastre ». Car c'est un bien vilain tour que la vie me joue là.

Je n'ai jamais voulu ressembler à ma mère. Plus précisément : j'ai toujours souhaité ne jamais ressembler à ma mère, moi qui suis la seule, dans sa progéniture, à avoir de véritables similarités morphologiques avec elle.

J'ai toujours vu ces similitudes, toujours secrètement déploré l'héritage que je traînais comme une menace, une bombe à retardement que j'aurais bien voulu pouvoir désamorcer. Je voyais clairement toutes les ressemblances physiques non souhaitées et, faute d'avoir la désinvolture nécessaire pour passer au bistouri et faire transformer ce qui chez moi rappelait le plus ma mère – ah ! ce nez ! et la paupière triste ! et le sillon entre les sourcils ! –, je misais sur nos différences psychiques, mentales, morales, intellectuelles pour tenir à distance tout rapprochement, toute confusion possible entre ma mère et moi. Mais c'était compter sans la puissance des gènes.

Les gènes me rattrapent. Et à travers eux, ma mère.

Quand je me regarde dans la glace, maintenant, ce n'est pas moi que je vois. C'est ma mère. Tout reflet capté dans une vitrine me renvoie l'image de ma mère. Je traîne partout ma « planche à clous », comme dit Styron, je ne peux avoir aucun répit, je ne peux pas mettre mon corps au rancart une heure ou deux et me glisser dans un autre pour oublier, me reposer un peu. J'ai beau m'entraîner à ne pas froncer les sourcils, à me tenir droite, j'ai beau avoir une démarche différente de la sienne, m'asseoir autrement qu'elle, parler différemment, avoir une voix bien distincte, mon schéma corporel est le même, mes caractéristiques morphologiques dominantes sont semblables, mes faiblesses, mes malaises et mes bobos sont presque tous les mêmes et mes moyens physiques de compenser, de « faire avec » le sont également. Je ressemble à ma mère dans ce qui se voit mais aussi très loin à l'intérieur, dans mes veines, mes artères, mes conduits lacrymaux, mes trompes d'Eustache, mon œsophage et mon foie, mes intestins, mon utérus, mes reins, et ma mère se rappelle à moi de mille manières à tout moment.

Je n'ai jamais souhaité ressembler à ma mère.

Devoir constater, observer quotidiennement cette ressemblance désormais de plus en plus grande s'avère une dure épreuve, encore plus grande maintenant qu'elle est morte, ma mère.

Mais en même temps, et cela me trouble beaucoup, je ne peux pas ne pas considérer comme un cadeau cette ressemblance qui s'accentue désormais. Par le biais de cette ressemblance, je retrouve ce que je croyais à tout jamais perdu : la vie de ma mère, des traces de ma propre mère en moi.

Je n'ai jamais vu ma mère nue, jamais vu ni son ventre, ni son sexe, ni ses seins.

J'ai parfois l'impression de découvrir en moi, sur moi, ce que ma mère, en partie du moins, a pu être, a pu sentir, ce qu'elle aurait pu donner à voir si elle l'avait donné à voir.

Les mois passent et j'apprends chaque jour quelque chose que j'ignorais la veille. Dans ma robe à jamais trouée, j'apprends qu'on peut faire avec ce qu'on a, avec ce qu'on n'a pas, avec ce qu'on est. Être orpheline de mère fait maintenant partie de mon identité, plus flottante que jamais. Être orpheline – être orpheline de mère, d'après le dictionnaire, est une redondance ; mais on peut être, par contre, orphelin de père – me fait voir la vie sous un jour nouveau : perdre ma mère a presque complètement changé ma vision du monde. Une transformation radicale comme il ne peut en survenir qu'une, me semble-t-il, dans une vie. Non seulement parce que la mère qu'on a ne peut mourir qu'une fois, mais surtout parce que cette mort-là, j'en suis convaincue, est la plus secouante, la plus dévastatrice de toutes, celle qui les contient toutes.

Le temps passe et j'apprends ceci : le plus difficile est, ici aussi, de trouver l'équilibre. Accepter, par exemple, cette ressemblance avec la mère, l'accueillir comme un don et résister en même temps à l'immense tentation d'entrer dans ses vêtements à elle, de chausser ses souliers et de mener à terme, pour elle, par amour pour elle, la vie qu'elle n'a pas eu le temps de dénouer, d'achever.

Les mois filent et j'apprends ceci : ma mère est morte comme elle a vécu, et c'est très bien ainsi. En ces années où il faut accepter et accueillir la mort sourire aux lèvres, ma mère est morte en colère, déçue, frustrée, butée.

Longtemps j'ai cru qu'il fallait mourir en paix avec soi-même, sa vie, le monde. Qu'autrement, c'était un peu comme si on ratait sa sortie. La dernière chance de réconciliation.

Pendant des mois, j'ai donc considéré la sortie de ma mère à la lumière de cette conviction et je me suis désespérée de n'avoir pu me trouver à son chevet durant les dernières heures de sa vie, de n'avoir pu l'accompagner dans cette traversée. Il me semblait que j'aurais pu l'aider à mourir en paix.

« En paix », cela revenait sans cesse dans mon esprit, « si seulement elle avait quitté la vie en paix ».

Qu'elle soit morte en colère me faisait souffrir autant que le fait de sa disparition. Non seulement elle est morte, pensais-je, mais elle a même raté sa mort – car j'aurais souhaité, *bien sûr*, qu'elle meure au moins plus doucement qu'elle n'avait vécu. Que la douceur de sa mort compense un peu pour la dureté de sa vie. Que sa mort rachète en quelque sorte sa pauvre vie de frustrations et de dureté.

Et puis, un jour, quelque chose d'autre a traversé mon esprit, une nouvelle façon de considérer le passage de la vie à la mort, et je n'en revenais pas d'avoir déjà pensé autrement, d'avoir un seul instant pensé que ma mère aurait dû mourir d'une autre manière. Il n'y a rien de plus normal – voilà ce que je me dis maintenant – et rien de « mieux » que de mourir exactement comme on a vécu. Aspirer à mourir en paix, oui, mais si cette paix n'a pas été atteinte avant le moment de mourir, comment et pourquoi devrait-elle survenir au moment de la mort ? Ma mère est morte de la seule manière qu'il lui était possible de le faire, en totale cohésion avec sa vie, dans la plus profonde authenticité de son être.

Cette pensée-là me fait du bien. Non seulement je ne pouvais rien contre la mort de ma mère mais la façon dont elle

114

est morte, sa façon à elle de faire face à sa propre fin lui appartient entièrement.

J'ai toujours voulu changer ma mère, voulu qu'elle soit plus ceci, moins cela, et le même malaise m'a envahie devant la manière dont ma mère a quitté le monde : j'aurais souhaité sa mort plus ceci, moins cela.

Le temps passe et je ressens maintenant les choses autrement.

Je pense encore que – pour moi, du moins – la mort de ma mère aurait été moins traumatisante si elle avait été moins brutale (moins subite, moins colère) et si j'avais eu la possibilité (la chance, la grande chance) d'être auprès d'elle à ce moment-là, de lui tenir la main, de caresser son visage. Mais je ne crois plus que ma mère ait pu mourir autrement et je ne crois plus que ma mère aurait dû mourir autrement.

Chacun sa vie ?

Chacun sa mort.

Le deuil à faire, le chagrin : malheureusement ni linéaires ni constitués d'étapes prévisibles. Ce serait trop facile.

La disparition de ma mère, inconcevable, me semble parfois soudain presque normale puis, à nouveau, je n'arrive pas même à la concevoir.

Il n'y a pas de début, de milieu et de fin comme dans les livres, comme dans les films. La vie avec un petit v, la vie minuscule ne connaît pas les codes en vigueur dans le monde de la fiction.

Il y a dans l'absence définitive de la mère quelque chose d'unique pour une femme, j'en fais l'expérience chaque fois que je franchis un seuil dans mon existence de *femme*. Un peu comme si, devenant régulièrement autre dans mon corps, cette autre (que je dois moi-même apprivoiser), cette toute nouvelle femme avait besoin elle aussi de faire le deuil de la mère en allée. Et tout semble recommencer encore une fois, l'incrédulité, la peine, la colère et tout et tout et tout.

Le plus dur, évidemment, c'est
Le plus dur change tous les jours.

Le plus dur, à un moment donné, c'est évidemment d'accepter qu'il n'y ait peut-être pas de sens (de direction) dans tout cela, accepter qu'on ne puisse possiblement jamais comprendre *tout cela* (rien de tout cela) : pourquoi on naît, pourquoi on meurt, en l'occurrence pourquoi ma mère s'est retrouvée dans ce monde au milieu d'une famille nombreuse, pauvre, pourquoi, par exemple, elle a épousé mon père (et pas un autre, et pas personne), pourquoi, par exemple, elle a fait des enfants (elle, elle formulait les choses ainsi : « Le mariage, pour moi, c'était un papier carbone. Je voulais me reproduire... en plusieurs exemplaires, un, deux, trois, plusieurs exemplaires, quatre, cinq, six, plein d'exemplaires... » – Cela devant m'inciter à me reproduire enfin à mon tour, elle ajoutait : « Je comprends pas qu'une femme ait pas envie de se reproduire. Une femme qui a pas envie de se reproduire, c'est une femme dénaturée. Moi, quand je me suis mariée, c'était un vrai papier carbone, je voulais me reproduire en plusieurs exemplaires... »), pourquoi la moitié de ces enfants-là n'a pas survécu (pourquoi, bien que née la troisième, je me suis retrouvée dans la position d'aînée de cette femme papier carbone, aînée et longtemps seul objet des attentes maternelles), la mort de ma mère fait naître en moi plein de pourquoi, pourquoi ceci, pourquoi cela, pourquoi les événements de la vie de cette femme se sont enchaînés ainsi et pas autrement, pourquoi j'y ai réagi de telle manière et pas autrement, pourquoi-pourquoi-pourquoi, pourquoi sans fin, pourquoi, par exemple, ma mère n'a rien fait pour améliorer sa santé quand, un an avant sa mort, son médecin l'a informée qu'elle devait absolument baisser son taux de cholestérol (pourquoi elle a refusé de prendre les médicaments suggérés, d'apporter des changements à son alimentation), pourquoi, lorsqu'elle a commencé à se sentir mal, en fin de soirée, elle n'a pas voulu consulter un médecin mais s'est plutôt branchée (gelée, anesthésiée) toute la nuit sur Videoway et a joué compulsivement à toutes sortes de jeux pendant qu'elle était en train de mourir, pourquoi, une fois transportée presque à son corps défendant à l'urgence, elle n'a jamais demandé à voir ses proches durant toutes ces heures passées aux soins intensifs, pourquoi elle est morte seule, immédiatement après le départ de mon père qui l'avait regardée somnoler pendant des heures, pourquoi ce repli sur soi, cette solitude ?

Dans le magma de questions que soulève la mort de ma mère, certaines sont d'un ordre plus existentiel, d'autres relèvent davantage de la vie avec un tout petit v (la vie de ma mère, la vie de chacun). Mais la mort est une formidable brasseuse de questions, elle les brasse puis elle les sème à tout vent, on court derrière, on ramasse ce qu'on peut, on rapaille son butin, une masse informe de questions où tout se recoupe, les petits souvenirs qui nous coulent entre les doigts et le sens de la vie. Et la Quête, par moments, se transforme en petite enquête maison.

Pour moi, il serait intéressant, il me semble (peut-être sera-ce avec le temps de moins en moins important, mais cela sera toujours instructif), de découvrir tout ce que j'ignore encore de ma mère et de comprendre (« saisir », « avoir de l'indulgence pour ») tout ce que j'ai du mal à voir ou à regarder avec bien-veillance chez elle. Mais à ceux que la vie privée de ma mère ne concerne pas, je ne peux pas vraiment, je ne veux pas raconter trop de choses. Les anecdotes, de toute façon, sont presque interchangeables avec celles d'autres vies (d'autres vies de mères repliées sur soi, d'autres vies de pères). Je veux raconter juste assez pour qu'on voie un peu la mère, son profil, disons. Une silhouette, quelques traits. Le reste – quand et pourquoi et comment elle humiliait son entourage, comment s'exprimait sa violence physique, sa mauvaise foi, son intolé-rance, dans quelles circonstances ses blessures anciennes ap-paraissaient, de quoi elle était fière, par exemple, et comment elle se comportait quand elle était fière – le reste (les détails concrets) ne regarde qu'elle. Elle et ses proches. Elle et moi, par exemple. La difficulté : ne pas aller trop loin dans l'étalage de la vie privée de ma mère (se censurer un peu pour que l'innommable demeure effectivement innommé) tout en en disant assez pour qu'une silhouette apparaisse, pour que l'essentiel soit dit. Faire également en sorte que l'esquisse soit assez nette pour pouvoir être reconnue comme telle et ne puisse pas être confondue avec l'évocation d'un personnage mystérieux qui se dévoilerait peu à peu à force d'indices.

Ma mère n'est pas un personnage mystérieux. Pas à mes yeux, du moins. Elle n'a qu'emporté avec elle dans sa mort ses petits secrets, ses contradictions, ses dénis, sa carapace, les possibles tentatives d'élucidation de son incapacité à s'adonner librement, abondamment à la vie, surtout en famille – car ma mère, généralement acerbe, froide, éteinte, s'allumait, s'égayait parfois quand elle se retrouvait dans un groupe extra-familial. Parfois, quand elle réussissait à être le centre de l'attention, à prendre le plancher, tout le plancher, et à le garder, elle s'illuminait, devenait boute-en-train, presque bon vivant. Quand elle sentait un engouement certain, un certain pouvoir, elle rayonnait.

Quand, par exemple, mourait une de ses camarades d'école et que ma mère pouvait espérer revoir, au salon funéraire, des connaissances d'autrefois, elle se hâtait d'aller « veiller au corps », et c'était comme une fête, pour elle, mieux qu'une fête, car il flottait dans l'air une odeur d'interdit qu'il faisait bon transgresser : quel meilleur endroit pour s'éclater, en effet, que le fumoir de ces lieux consacrés à la mort... À proximité du mort auquel on est en train de survivre, hors de son « champ de vision », dans une autre pièce, mais tout près, entre vivants épargnés par la faucheuse, comme il fait bon se retrouver et rire, fumer, boire, raconter des anecdotes, déterrer les souvenirs... Ma mère, alors, était au meilleur d'elle-même. Et si par chance une vieille connaissance s'exclamait, en reconnaissant

119

ma mère : « Pas Thérèse ? ! Quelle belle surprise ! Je suis contente de te revoir ! T'as pas changé... », ma mère ne portait plus à terre. Et c'est toute gonflée d'orgueil qu'elle me racontait quelques jours plus tard : « Je te dis qu'on était une grosse *gang*, le salon était plein à craquer, ça a jasé en masse, Une-telle n'en revenait pas de me voir là, ça faisait au-dessus de cinquante ans, elle m'a dit au moins deux fois "Je suis telle-ment contente de te revoir, t'as pas changé", et patati et patata, "Je suis contente de te revoir", ha-ha-ha, ha-ha-ha », disait-elle comme si, tout en étant ravie de l'hommage, elle se moquait en même temps de l'émotion de l'autre qui se réjouissait de la revoir ou de la faiblesse que l'autre révélait en avouant une forme d'attachement à ma mère.

Parfois, pendant la dernière année de sa vie, quand ma mère me racontait qu'une vieille connaissance, revue lors d'une visite dans un salon funéraire, s'était exclamée « Comme je suis contente de te revoir ! » et que ma mère, alors, bombait le torse, se rengorgeait et semblait se moquer, je lui demandais si elle aussi, elle avait été heureuse de revoir cette personne, et chaque fois, ma mère restait d'abord interloquée, puis elle se renfrognait complètement, et j'avais beau répéter ma question de différentes façons, jamais ma mère n'y a répondu, toujours elle s'est fermée à double tour quand j'ai voulu savoir – au fond – si elle aimait, elle aussi, les gens qui lui disaient l'aimer. Et si oui : pourquoi elle ne le leur disait pas, elle, qu'elle était heureuse de les voir, de les revoir.

Ma mère n'est pas un personnage mystérieux. Elle était sim-plement quelqu'un de fermé aux autres, de totalement centré sur soi. D'insaisissable.

Mais, par la force des choses, ma mère, au fur et à mesure que je parle d'elle, devient un personnage. C'est inévitable, je crois.

Si ce personnage se trouvait dans une de mes nouvelles, dans un roman, je ne sais si j'arriverais, finalement, à le laisser tel quel, intouchable, imprenable. Peut-être que oui. Peut-être bien. Je pense à ce personnage de mère dans « Le cherche-étoiles » : elle reste inaccessible jusqu'à la fin. La différence, c'est que le fils, lui, lâche prise, finit par renoncer à l'étreinte espérée. Moi, j'ai encore mal quand je pense au fait que ma mère ne m'a jamais dit, ou clairement démontré, qu'elle m'aimait.

Une jeune femme, dans un café, dit : « J'aime tellement ma mère ! Elle est tellement formidable ! Elle est chaleureuse, tendre, patiente, courageuse. C'est mon modèle. Je l'admire. Je l'aime et je l'admire. »

Au mot de « mère », j'ai tendu l'oreille, et maintenant, à la dérobée, je regarde celle qui a une mère admirable.

À sa table, deux autres femmes, d'âge mûr, et un homme plutôt âgé, comme mus par le même réflexe, ont baissé les yeux, oh ! une seconde à peine, mais ce mouvement ne m'a pas échappé.

L'homme, se redressant sur sa chaise, se racle la gorge et dit : « Moi, la mienne, elle m'a tellement fait souffrir... Et pourtant, quand elle est morte, j'ai bien cru que je ne m'en remettrais jamais. Je sais, c'est difficile à comprendre. C'est difficile à expliquer. On ne devrait pas avoir de peine quand s'en va enfin la personne qui vous a fait le plus pleurer au monde, on devrait plutôt se sentir libéré... Mais ce n'est pas du tout ce qui s'est produit. Je me suis senti triste et floué à mort. Non seulement cette femme-là ne m'a jamais manifesté d'affection, mais même sur son lit de mort, malgré toutes les perches que je lui ai tendues, elle... Je lui ai quasiment mis les mots dans la bouche, je lui ai tout mâché... Il ne lui restait qu'à articuler. Malgré tout, rien n'est sorti, rien du tout. »

La plus jeune des deux femmes d'âge mûr demande : « Vous vouliez qu'elle vous dise quoi, qu'elle vous aimait ? »

L'homme secoue la tête : « Ça, j'en avais fait mon deuil depuis longtemps. »

J'écoute attentivement, je me remplis la tête du silence qui suit, j'essaie de m'en servir pour ralentir les battements de mon cœur, mais la plus âgée des trois femmes prend le relais : « Notre mère, vois-tu, était dure, froide. Méfiante. Jamais contente. Elle était... elle était... acrimonieuse. Oui, acrimonieuse. Je crois que j'ai enfin trouvé le mot juste : acrimonieuse. C'était une femme qui n'aimait personne, au fond. Elle n'aimait pas vraiment la vie non plus. Tout l'excédait, tout s'acharnait contre elle. Elle jouait les victimes, les sacrifiées. Les autres étaient toujours responsables, toujours coupables. Des ennemis. Il fallait les mettre au pied du mur, le couteau sur la gorge. Avoir le dessus sur les autres. Les briser. Elle nous a tous brisés. Elle nous a transmis une vision du monde épouvantable. C'était une personne mesquine, profiteuse. Moralement, je l'ai toujours trouvée laide. Elle a toujours essayé de nous monter les uns contre les autres. Elle nous a empoisonné la vie. Elle a semé la haine en nous. »

Celle dont la mère est admirable explique à nouveau, avec d'autres mots, pourquoi elle, elle aime tellement sa mère.

Au moment où je m'apprête à quitter le café, l'homme, le regard plongé dans les yeux de la jeune femme qui aime tant sa mère, dit très calmement, lentement : « Moi, ce que j'aurais voulu qu'elle dise, avant de mourir, c'est : "Pardon pour tout." »

La femme âgée hoche la tête, elle acquiesce : « Qu'à la fin, au moins, elle dise : "Je vous demande pardon." »

Je me retrouve dans la rue.
Je voudrais demander pardon à quelqu'un.

Une amie à qui je confie à quel point c'est difficile de se retrouver – non pas tellement sans mère, au fond, mais peut-être plutôt sans « traces de mère », me répond : « Mais elle a laissé plein de traces derrière elle, ta mère, des tiroirs remplis de choses remontant loin dans le temps, un jonc, des dents de lait, un carnet d'autographes, des traces de votre enfance, non ? et des chemises, des boîtes, des classeurs pleins de paperasse mystérieuse dont tu m'as parlé quand vous avez vidé la maison, tu disais que c'était plein de notes pêle-mêle, des noms inconnus, des bouts de chansons, des adresses, ce ne sont pas des traces à suivre, ça, des indices de quelque chose qui te permettrait d'entrer davantage *dans* la mère ? »

J'écoute cette amie et je me rends compte, encore une fois, comme il est ardu, compliqué de s'exprimer assez clairement pour arriver à se faire comprendre correctement.

On emploie très souvent les mêmes mots pour parler de choses très différentes, au fond.

Le mot « traces », par exemple.

Comment mettre de l'ordre dans toutes ces « traces » que ma mère semble avoir laissées derrière elle alors que j'affirme depuis trois décennies, et surtout depuis la mort de ma mère, qu'elle ne m'a rien donné, laissé, transmis, légué ? Que je n'ai pas de traces d'elle dans ma vie, dans mon cœur, dans mon esprit, pas de traces de son passage dans mon existence ?

D'abord, préciser ceci : je parle d'héritage positif. Je cherche les bonnes choses qui me viendraient de ma mère, les bonnes traces qu'elle aurait laissées sur son passage et dont j'aurais bénéficié, les bons aspects en moi dont je pusse dire « C'est ma mère qui m'a transmis cela », soit génétiquement (une disposition, un talent, un don particuliers), soit par l'apprentissage (un savoir-faire qu'elle m'aurait enseigné, par exemple cuisiner, tricoter, coudre, gérer mes finances, faire des placements, conduire une auto, nager, dessiner, allumer un poêle à bois, me maquiller, me coiffer, cultiver un potager, ces nombreuses choses que les mères – et les pères – apprennent à leurs enfants, tous ces savoir-faire qu'on peut leur laisser en héritage), soit par l'exemple de sa vie (elle aurait pu me transmettre des valeurs, des idéaux, une philosophie de la vie, une vision du monde qui donnent envie de vivre, d'agir, de lutter, d'espérer) ou encore par l'amour dont elle m'aurait entourée, l'encouragement, la confiance qui font grandir l'estime de soi, nourrissent la conviction d'être digne de l'amour des autres et donnent le sentiment qu'on peut se réaliser et aller sans crainte au bout de soi.

Voilà le genre d'héritage que j'aurais souhaité recevoir.

Je ne crois pas l'avoir reçu.

Mais je me dis que si je cherche bien, je découvrirai peut-être des *traces* de ce genre de choses en moi.

Voilà ce que je veux dire quand j'écris : je rêve de ce qui n'aurait pu venir que de ma mère : des choses transmises par elle, apprises d'elle, de sa vie, de ses comportements.

Je veux dire aussi : des souvenirs, des moments avec ma mère, des mots de ma mère, des actions qui auraient laissé de bons souvenirs, lesquels pourraient remonter à la mémoire maintenant que l'affrontement perpétuel est terminé. Le souvenir d'un mot doux dans une occasion particulière, d'une caresse, d'un geste d'apaisement ou de réconfort.

Ce n'est pas de l'héritage-fardeau que je parle, de toutes ces choses dont on tente toute sa vie de se défaire, de se déprendre, qu'on essaie tant bien que mal de détricoter, de déconstruire, tout ce qui a été imposé, transmis, bu au biberon, intégré, tout ce qui limite, entrave, rapetisse, insécurise, désespère, toutes les croyances folles, les principes étroits, les tabous, les interdictions, toutes les angoisses et les peurs qu'on absorbe comme une éponge, le défaitisme, le pessimisme, le fatalisme, la méfiance, le négativisme.

Cet héritage-là, je n'ai pas à le chercher, je le connais, c'est ma robe trouée.

Cet héritage-là, je n'ai pas à en chercher les traces. J'ai passé la plus grande partie de ma vie à essayer de m'en départir. Maintenant je sais que le mieux, c'est de faire avec, je sais qu'on peut vraiment faire avec, je sais que l'héritage négatif aurait toujours pu être pire qu'il n'a été. Je me sens presque privilégiée de n'avoir qu'une robe trouée dans mes bagages quand je vois des vies en lambeaux.

Les traces dont je parle n'ont rien à voir avec ce que mon amie énumère et qualifie de « traces mystérieuses » laissées par ma mère – comme s'il y avait là quelque chose à déchiffrer.

S'ils sont l'indice de quelque chose, les objets qui encombraient les tiroirs de ma mère et cette paperasse hétéroclite qui traînait partout dans la maison sont plutôt le signe de la manie qu'avait ma mère de tout « ramasser », d'accumuler, de ne se départir de rien, ce qui s'exprimait également dans son penchant pour les collections d'objets à la mode, cloches, cuillères, pièces de monnaie étrangère... Quant à la paperasse rassemblée à sa mort et que j'ai entassée dans des cartons, lorsque mon père a « vidé » la maison, pour les transbahuter chez moi afin de les sauver de la poubelle où ils auraient atterri autrement, cette paperasse accumulée pêle-mêle au fil des années est bien davantage un indice du grand désordre dans lequel vivait ma mère qu'une série de pistes pouvant mener quelque part.

Ces « traces » ne me révèlent rien de neuf, elles confirment simplement ce que je savais déjà.

Les petits souvenirs que ma mère gardait dans les tiroirs de sa commode, je les ai toujours trouvés très émouvants. Enfant, j'aimais bien quand ma mère ouvrait un de ces tiroirs, pour y chercher (longuement) quelque chose, et qu'elle me permettait de jeter un coup d'œil dans l'une des nombreuses boîtes de chocolats dans lesquelles il n'y avait plus de chocolats depuis longtemps et que ma mère avait recyclées en boîtes à souvenirs.

Parmi ces reliques, quelques-unes avaient effectivement à voir avec un moment de notre enfance à nous, ses enfants, par exemple l'empreinte du pied d'un bébé sur un certificat d'hôpital, un poème pour la fête des mères, mais je crois que ma mère les conservait parce qu'ils avaient à voir aussi avec elle : à côté de l'empreinte du pied de bébé, il y avait aussi celle d'un pouce, le pouce de la mère de ce bébé, et ce n'est peut-être pas vraiment par amour pour l'enfant à qui appartenait le pied que ma mère conservait ce certificat. Ce souvenir avait certes un rapport avec la naissance de l'un de ses enfants, mais peut-être commémorait-il davantage, à ses yeux, l'accouchement, sa délivrance, comme on dit aussi, que l'arrivée de l'enfant dans le monde. Le reste, par exemple le dessin d'enfant gribouillé sur une page de calendrier, c'était un dessin de ma mère enfant, le premier bulletin scolaire, c'était le sien, la médaille d'honneur était à elle, la mèche de cheveux aussi, le petit ruban bleu avait un rapport avec son enfance à elle, le carnet d'autographes était celui de son adolescence, l'anneau en osier lui avait été offert à elle, les colombes en sucre, ébréchées, patinées par les ans,

étaient une relique de son gâteau de noces, le chapelet, le missel
et les images saintes, glissées dans le missel, lui appartenaient,
le bracelet d'hôpital avait encerclé son poignet à elle. Dans ces
boîtes à souvenirs, c'est de sa vie à elle qu'elle gardait la trace,
et c'est tout à fait légitime. Mais ma mère n'a par contre pas
précieusement conservé les dessins de ses enfants, les petites
bottines de ses enfants, une mèche de cheveux, la première
petite bague, une jolie barrette.

Cela se pratiquait moins, à l'époque de ma mère,
qu'aujourd'hui. Mais je connais des mères de ce temps-là qui
l'ont fait, cela, conserver de petits souvenirs de l'enfance de
leurs enfants.

Quelle personne n'aimerait pas qu'on lui remette, une fois
adulte, le jouet préféré de sa petite enfance, son premier bonhomme à visage humain, le premier livre qu'elle a lu ou les
premières phrases qu'elle a écrites dans sa vie ?

Il n'y avait pas de hochet, de bottines, de peluche, de livres
d'images dans le bric-à-brac de souvenirs que ma mère a laissé.

De la paperasse, oui.

Mon amie la qualifie de « mystérieuse », mais c'est qu'elle
ne sait pas vraiment de quoi il s'agit. Dit comme ça, « ...des
notes pêle-mêle, des noms griffonnés sur une pochette d'allumettes, des bouts de chansons... », c'est vrai que cela peut
sembler énigmatique. Mais si j'ai passé le tout au peigne fin,
fouillé ces « données » comme un détective, c'est simplement
parce que ma mère, toute ma vie durant, nous a seriné sa phrase-
menace « Quand je vais mourir, le monde va être surpris », au
point que j'ai fini par croire qu'à sa mort nous découvririons
peut-être, en effet, un secret. Son fameux secret qui justifierait
tout : ses comportements autoritaires, ses rebuffades, son into-
lérance.

Je n'ai rien trouvé d'étonnant dans le chaos de paperasse que j'ai rapaillée à sa mort et à travers laquelle j'ai mis des mois à « passer ». Je n'ai découvert aucune révélation, aucun secret, aucune information bizarre. Ce que j'ai trouvé, c'est le chaos de ma mère, à l'image de sa façon de vivre, toute sa vie sens dessus dessous : des feuilles de tous les formats, arrachées à des cahiers ou à des calendriers, parfois, des fragments de napperons de restaurants, des bouts de serviettes en papier, des pochettes d'allumettes sans allumettes mais recouvertes de griffonnages, des rabats de paquets de cigarettes annotés, des circulaires, le coin supérieur droit d'une page de journal ou d'une revue, un lambeau de sac en papier kraft, des coupons rabais, tout ce qui tombait sous la main de ma mère pouvait se retrouver couvert de gribouillages décousus : ici, elle avait noté à la hâte le numéro de téléphone à composer pour participer à un concours télévisé (elle n'avait pas écrit, à côté de ce numéro, de quoi il s'agissait, car elle croyait toujours qu'elle allait se retrouver dans son « mystérieux » fouillis... si seulement on ne touchait à rien, ne rangeait rien, ne déplaçait pas le moindre bout de papier, ne jetait surtout pas un paquet de cigarettes vide, un vieux dépliant, un fragment de napperon de restaurant...), ici défilaient, se chevauchant parfois, une cinquantaine de noms, prénoms, lieux et dates de naissance. Ma mère s'intéressait à la généalogie et « ramassait » tout renseignement susceptible de la faire avancer dans l'établissement de l'arbre généalogique de sa famille ou de celle des gens qui la payaient parfois pour retrouver leurs ancêtres, le tout pêle-mêle, telle famille en voisinant trois autres avec lesquelles elles n'avaient aucun lien : c'était, ce jour-là, cette feuille-là qui était tombée sous la main de ma mère. Le lendemain, à l'endos de cette feuille, elle avait pu noter un couplet de chanson entendu à la radio, une recette donnée à la télé, une histoire drôle que Gilles Latulippe avait racontée à Suzanne Lapointe et que ma mère voulait raconter à son tour à la voisine.

L'écriture allait dans tous les sens, montait, descendait, coupait la feuille en diagonale, était tout à coup interrompue par le brouillon d'un début de lettre destinée au ministère du Revenu, et celui-ci par des calculs dont on ne savait pas s'ils avaient un lien avec ce qui précédait, puis suivaient le nom et les heures d'ouverture d'un marché aux puces, après quoi nous étions à nouveau en 1659 et Olivier Charbonneau venait de s'établir en Nouvelle-France.

Sur ces feuilles éparses, ces bouts de carton, de papier cadeau, c'est le coq-à-l'âne de la vie de ma mère qu'on peut lire, le méli-mélo de ses intérêts. Peut-être qu'entrer dans ces éléments, comme le suggère mon amie, aiderait à pénétrer davantage dedans la mère qui m'était étrangère. Mais si ma mère me restait étrangère, ce n'est pas parce que je ne connaissais pas ses intérêts et ses goûts, c'est en partie parce que, bien que les connaissant, je ne pouvais pas les partager (même la généalogie, qui aurait pu m'intéresser, je ne pouvais pas l'aborder de la manière dont ma mère le faisait). Et qu'elle non plus, ma mère, ne pouvait partager avec moi ce que j'aimais. D'ailleurs, elle ne savait pas vraiment quels étaient mes goûts et mes intérêts. Elle en avait une vague idée qui se résumait à « Elle, c'est la lecture », mais le reste, tout le reste qui fait une vie, elle n'en avait cure : comment étaient mes amis, quel genre de films me plaisaient, quel type de livres je préférais, si j'aimais la musique, la chanson, la peinture, des jeux, des régions du Québec, des styles de vêtements, des mets particuliers, quelle place l'écriture tenait dans ma vie, si j'avais des rêves (moi aussi), elle l'ignorait totalement. Mais elle s'attendait à ce que son entourage soit toujours au fait de ses goûts à elle. Il fallait non seulement savoir quels mets avaient la cote à ses yeux mais le degré exact de cuisson de chaque viande, le niveau précis de tendreté ou de croquant de chaque légume entrant dans la composition de chacun de ces mets...

Mais peut-être faudrait-il prendre tout cela à l'envers, le regarder par l'autre bout de la lorgnette : nous étions incapables de partager goûts et intérêts de nos vies respectives parce que nous étions fondamentalement étrangères l'une à l'autre, ma mère et moi, des étrangères l'une pour l'autre.

Ma mère m'était inaccessible. Mais ma mère n'est pas un personnage mystérieux pour moi. Ses mécanismes de fonctionnement, les rouages de la machine m'étaient on ne peut plus familiers. Sauf que je n'ai jamais réussi à saisir pourquoi la machine fonctionnait de cette façon. Et que je n'ai pas davantage réussi à entrer à l'intérieur de l'être parce que l'être ne voulait pas de l'intimité qu'implique le fait de se rapprocher de l'autre, d'entrer dedans la mère, dedans l'enfant.

Ses défenses étaient impénétrables. Même lorsqu'elle a « su », un an ou deux avant sa mort, qu'il serait préférable de les regarder, ces défenses-forteresse, parce que la dépression refermait l'étau sur sa vie, elle n'a pas voulu, n'a pas pu ouvrir la porte : elle sentait, je le devinais – elle devinait, je le sentais – qu'il lui faudrait changer, et elle ne le pouvait pas, ne le voulait pas.

J'ai naïvement cru que la mort, au moins, ouvrirait une brèche dans la forteresse, mais il n'en fut rien. La mort m'a simplement rapprochée du noyau dur de ma mère, de sa souffrance, ses empêchements, ses peurs, ses rêves en suspens, son amertume, sa froideur, son repli, tout ce qui constituait les murs de sa prison. Je me suis cogné allégrement la tête contre ces murs, j'ai cogné, cogné dans l'espoir que s'effrite quelque chose quelque part au cœur de ce mur, dans l'espoir qu'une fêlure, quelque part... Et que craquelle et s'effrite un point minuscule par où regarder à l'intérieur.

Le mur est resté intact.

Je l'ai longé, frôlé. Je m'y suis adossée, ai posé tout le poids de mon corps contre lui. Je m'en suis imprégnée. J'en connais la rugosité, les couleurs, l'odeur. J'en sonde encore la profondeur, comme ça, pour rien, au fond, pour rester encore un moment près de la prison de ma mère, ma mère qui me manque. À défaut de pouvoir comprendre, je veux au moins pouvoir regarder, palper, sentir, entendre. Je ne veux pas prolonger la souffrance (je ne la vénère pas, je ne vénère pas ma mère non plus), je veux simplement me rassasier de ce qui reste de ma mère et apaiser la souffrance, l'épuiser plutôt, en y revenant tant et aussi longtemps qu'elle se fera sentir. J'accompagne ma mère le plus loin possible, je reste près d'elle et de ses peines encore un peu. C'est ma façon de lui dire adieu, de lui tenir la main. J'appuie ma joue contre le mur de sa prison, je m'abandonne. Mon petit mur des lamentations à moi.

Le reste, le fatras de vieux papiers qui encombrait sa maison et encombre maintenant la mienne, n'est qu'un fouillis où une mère, poule ou pas, ne retrouverait pas ses petits, ses propres petits, et dans lequel la fille ne trouvera jamais sa mère. C'est ailleurs qu'il me faut fouiller. Dans ma mémoire, peut-être.

Au creux de ma mémoire sont enfouis deux coffres maternels. Le premier est incommensurablement profond et déborde d'humiliations, de violences, de peines, de privations. J'en connais le contenu par cœur et jamais encore je n'ai réussi à en refermer le couvercle.

Dans un autre recoin de ma mémoire se trouve un plus petit coffre. Il ne contient pas autant de choses que le premier. Mais tout comme « ma robe est trouée mais c'est la mienne » et « mon verre est petit mais c'est mon verre », mon coffre à trésors n'a rien d'extravagant mais j'y tiens : je n'en ai pas d'autre.

Dans les premiers temps après la mort de ma mère, le contenu du premier coffre, véritable coulée de lave dévastatrice, s'est mis à envahir ma vie sans merci, à l'engloutir, à étouffer chaque journée. Puisque chaque jour je repensais à ma mère, chaque jour *ça* remontait à la surface, ça remontait, ça remontait, débordait, giclait à gros bouillons et se répandait sans pitié, ne laissant que désolation sur son passage.

Plus tard, la violence des éruptions a diminué et j'ai pu entreprendre de fouiller ma mémoire à la recherche de quelque chose d'autre, quelque chose qui ressemblerait à de bons souvenirs et pourrait constituer un petit trésor que je rassemblerais dans le coffre alors encore vide, au fond de moi.

Car on ne peut vivre sans trésor, dût-il être minuscule.

Mon coffre est petit mais c'est le mien.

Voici ce que j'y ai rassemblé à ce jour :

Premier souvenir heureux dans le deuxième coffre maternel, un présent. À ma mère, qui craquait pour les cacahuètes « en écales », comme elle disait, et en avait souvent un sac à côté de son fauteuil, j'ai offert un jour, adolescente, une broche en forme de cacahuète. Ma mère, que peu de cadeaux arrivaient à réjouir, a ce jour-là été ravie par ma surprise. Bien qu'elle n'ait évidemment jamais porté ce « bijou » trop farfelu, elle l'a toujours conservé dans une de ses boîtes à souvenirs rangées au fond d'un tiroir, et quand, parfois, à la recherche d'un objet du passé qu'elle voulait montrer à un étranger, elle tombait sur ce petit présent original, elle le sortait également de la boîte à souvenirs et l'exhibait lui aussi. La réaction de ma mère à la vue de cet objet de rien du tout m'a toujours profondément émue. C'était le premier – et ce fut pendant longtemps le seul – présent qui avait réussi à plaire sans réserve à ma mère.

Deuxième trésor : ma mère ayant toujours rêvé d'un ourson en peluche (un vrai, comme ceux qu'on offrait aux enfants dans sa jeunesse et qu'elle, la petite pauvre, n'avait évidemment jamais reçu, un nounours articulé qui fait « beuh... » quand on le couche et qu'il n'était plus possible de trouver dans les magasins de Montréal), j'en achetai un lors de mon premier séjour en Allemagne et l'envoyai par la poste. À mon retour, quatre mois plus tard, lorsque je rendis visite à mes parents, l'ourson trônait bien en vue dans le salon. Ma mère avait même conservé la boîte jaune de la *Bundespost*. Je ne sais plus les mots qu'elle employa pour me le dire mais cet ourson venu de si loin, si inattendu, si imprévisible dans ce gros carton jaune recouvert d'estampilles, cet ourson avait été une belle surprise. Elle le « posséda » pendant près d'un quart de siècle et pendant près d'un quart de siècle il fut un des souvenirs dont elle prit le plus grand soin, un soin jaloux. Avec le temps, il se patina un peu, et lorsque à la mort de ma mère mon père me le montra en disant qu'il ne s'en séparerait jamais, l'ourson de ma mère était devenu un vrai vieil ourson, un nounours qui avait une histoire. Heureuse.

Cinq ans plus tard, mon père, un jour que je lui rendais visite, me tendit soudain, sortie de nulle part, Bécassine, une Bécassine dont le bonnet et le tablier défraîchis, jaunis, m'ont fait aussitôt venir les larmes aux yeux : Bécassine, c'était le troisième présent qui avait réussi à combler ma mère. Lui aussi, je l'avais trouvé en Europe, mais à Paris, celui-là. À peine descendue d'avion, j'étais arrivée pour ainsi dire face à face avec cette Bretonne dont ma mère m'avait parlé un jour où j'avais emprunté un album à la bibliothèque scolaire. J'avais alors appris que ma mère avait lu quelques-unes de ses aventures, enfant, et qu'elle avait aimé ce personnage farfelu, à qui tout pouvait arriver. J'acquis donc pour ma mère l'irrésistible Bécassine qui allait, je l'espérais – et mon instinct ne me trompa pas –, charmer ma mère et trouver une place dans son cœur. Bécassine produisit l'effet espéré et eut toujours sa place attitrée dans le boudoir, la pièce préférée de ma mère. Mais le boudoir faisait partie d'un autre appartement, d'un autre temps, une autre vie : celle de ma mère. Et maintenant mon père me la rendait, la pauvre Bécassine décatie, et cela marquait encore une fois la fin d'une époque, celle où ma mère avait été un jour vivante, parmi nous, et avait souri en apercevant la « belle Bécassine » que je lui rapportais de Paris.

Je me rappelle aussi une minuscule boîte à pilules avec, sur le couvercle, des oursons peints à la main. À la mort de ma mère, lorsque nous avons trié ses choses, mon père me l'a rendue, tout comme la broche-arachide. Il s'agissait davantage d'un clin d'œil que d'un cadeau : c'est une toute petite boîte en fer-blanc, un objet de trois sous rapporté d'un voyage, et pourtant ma mère l'a substituée sur-le-champ au pilulier qu'elle utilisait depuis des années, et la petite boîte l'a suivie d'un sac à l'autre jusqu'à la fin de sa vie.

Un seul autre cadeau, pendant toutes ces années, eut l'heur de plaire à ma mère, et c'est le dernier des trésors enrubannés enfouis dans ma mémoire. Au fin fond d'une petite boutique au fin fond d'un tout petit village bavarois, j'avais eu la surprise, un jour, de découvrir une poupée de porcelaine... Une poupée de porcelaine ! Cela existait encore ? Une poupée comme celle que ma mère avait possédée un jour, au temps de son enfance lointaine, et que ses frères avaient défigurée, lui fracassant le crâne à coups de marteau. J'avais souvent entendu ma mère raconter cette histoire de pauvre poupée assassinée. Jamais elle ne manquait d'ajouter quel triste sort avait été le sien, seule fille entre cinq garçons. « Le peu que j'ai eu, disait-elle, ils me l'ont toujours brisé. Je ne l'ai pas eue longtemps, ma poupée. Ils me l'ont tout de suite cassée à coups de marteau. On n'en fait plus, maintenant, des poupées comme celle-là, avec de vrais cheveux, des poupées avec des visages et des membres en porcelaine... » Une poupée en porcelaine. Les paroles de ma mère allaient et venaient dans ma tête. Il faudrait que je trimbale mon fragile et précieux trésor pendant des jours dans mon sac à dos... Mais l'entreprise avait beau être risquée, il fallait que j'achète cette poupée pour ma mère : j'étais sûre – comme je l'avais été pour l'ourson et la Bécassine et comme jamais plus je ne le serais devant un objet dont j'essaierais de jauger la capacité de ravir ma mère –, j'étais absolument certaine que je tenais là de quoi faire plaisir à ma mère, la surprendre et lui arracher un sourire de contentement. Et ma mère fut en effet ravie. Jusqu'à ce qu'un membre de ma famille se souvienne avoir vu une publicité dans un journal proposant de semblables poupées... et – inconscience ? méchanceté ? – en commande une sur-le-champ. Il s'agissait de reproductions ressemblantes à s'y méprendre. Elles coûtaient une fraction du prix, on les commandait en Ontario, on pouvait payer par chèque ou mandat-poste, il fallait compter six semaines pour les délais de livraison, et après... eh bien ! après, la poupée de ma mère était d'un seul coup dévaluée, le ravissement de ma mère était évanoui, pire : il était remplacé par une immense déception. On lui avait donné une poupée de porcelaine et quelqu'un l'avait bousillée encore une fois. Aussi ne suis-je pas surprise que ce cadeau, qui avait sur le coup gagné le cœur de ma mère, ait été certes conservé par elle, mais qu'il se soit retrouvé confiné dans la chambre, petite poupée mal aimée assise tantôt sur l'allège de la fenêtre, tantôt sur la commode entre une potiche et un coffret à bijoux : contrairement au nounours trônant fièrement au salon ou à Bécassine qui avait une place de choix dans le petit boudoir où ma mère passait le plus clair de son temps, bien calée dans un fauteuil devant la télé, la poupée bousillée avait quelque chose de l'enfant longtemps espéré, attendu, qui arrive sur le tard, très tard – et chez qui l'on découvre bientôt une tare. Objet de déception, de honte, de désillusion, le cadeau accueilli avec un sourire étonné a vite été relégué dans un coin de la maison où peu de gens, finalement, risquaient de le voir. Il eût peut-être été trop douloureux pour ma mère d'entendre une visiteuse s'exclamer « Ah ! j'en ai une comme ça, tu l'as commandée en Ontario, hein ? sont pas chères pis sont ben ressemblantes... » Je me rappelle : quand nous faisions une bêtise, enfants, quand nous la décevions, ma mère nous mettait « en pénitence » dans notre chambre. La poupée, elle, n'est jamais ressortie de ce purgatoire. La tare, la faute étaient sans doute trop grandes. Mais il y a si peu de trésors dans mon coffre que j'y conserve quand même précieusement le souvenir de l'étonnement et du plaisir de ma mère lorsqu'elle déballa la poupée venue des vieux pays, un cadeau qui, l'espace de

137

quelques heures, avait fait de ma mère une enfant choyée, aimée. Aimée et choyée.

Aimée.
Aimer.
Amour.
L'amour est un enfant malingre. Il ne faut pas trop lui en demander.

Dans mon coffre aux trésors se côtoient aussi quelques moments de grâce qui n'ont rien à voir avec des objets offerts à ma mère. Ils sont inexplicables : inespérés, injustifiés tout autant que les moments de violence gratuite, ils ont jailli comme une étincelle, étincelé comme une étoile dans un ciel sombre.

Il y a ce jour tout ordinaire où une remarque de ma mère m'a fait rire aux éclats et où mon rire à son tour a fait rire ma mère, tellement il était fort, irrépressible, inhabituel... Alors, de voir ma mère pouffer de rire en me voyant me tenir les côtes m'a fait rire encore plus, ce qui a provoqué un nouveau fou rire chez ma mère. Cela peut sembler incroyable, mais je n'ai pas d'autre souvenir de ma mère éclatant de rire seule avec moi. J'ai beau chercher, il me semble que de toute ma vie ce jour fut le seul où ma mère s'abandonna entièrement au rire qui monta soudain en elle, le seul où en ma présence elle fit un commentaire plein d'humour sur un mot d'encouragement que je venais de lui adresser, où une réponse de ma mère me fit rire de si bon cœur, où mon rire spontané se communiqua à elle, la contamina, l'atteignit si bien qu'à son tour elle ne put résister et se laissa aller à la drôlerie de la situation. Elle avait soixante ans. C'était l'été. Elle était assise dans mon petit salon de la rue de Chateaubriand. Il faisait chaud. J'étais en train de laver les vitres quand le bon mot de ma mère m'a fait éclater de rire.

Depuis, chaque fois que je me retrouve à laver les carreaux, le souvenir de ma mère rieuse me revient à l'esprit, sans crier gare, et me fait comme un pincement au cœur.

Mon cœur se serre aussi quand je me rappelle ce jour du mois d'août 1992, chez mes parents, au lendemain d'une intervention chirurgicale qui s'avérait pour moi plus éprouvante que je ne l'avais prévu. Mes parents insistèrent, j'étais trop mal en point, ils me gardaient à coucher, et le lendemain aussi, s'il le fallait. Ma mère, tout au long de la journée, m'offrit régulièrement à manger, mais je n'avais aucun appétit, j'étais souffrante et j'avais la nausée. Déçue de me voir refuser l'un après l'autre les goûters qu'elle me proposait (une soupe ? un Jello ? des biscuits ? une banane, une orange ? un pouding ?), elle répétait souvent « Qu'est-ce que je pourrais bien t'offrir ? », et moi je répondais « Rien, je t'assure, j'ai mal au cœur », mais soudain ce fut comme une illumination, elle lança « Un *sundae* ! Je vais te faire un *sundae* ! », ouvrit le frigo et se mit à l'œuvre. Au bord des larmes, je secouais la tête en répétant que j'avais trop la nausée pour manger... Ma mère, alors, soupira et prononça une phrase qu'elle n'avait encore jamais dite de toute ma vie et que je n'aurais jamais pensé entendre sortir de sa bouche. Elle dit cette chose incroyable qui me désarma tout à fait : « Laisse-toi gâter un peu... », dit-elle sur un ton de reproche, et elle déposa dans une coupe à dessert un peu de glace à la vanille, ajouta quelques tranches de banane et une cuillerée de caramel, et lorsqu'elle posa devant moi ce « *sundae* » qui était à ses yeux la plus grande des gâteries, je fus si émue et me sentis tellement coupable de lui refuser ce plaisir que, malgré la nausée qui venait de monter d'un cran, je mangeai mon *sundae* en me répétant cette phrase inouïe : « Laisse-toi gâter un peu... » J'avais si souvent souhaité que ma mère me « gâte » un peu...

Je me souviens aussi avec plaisir de ce jour où ma mère, pour la première fois de ma vie d'adulte, m'a offert en cadeau quelque chose qui me faisait envie... Peu de temps après avoir acheté mon premier ordinateur, j'étais allée dans une boutique spécialisée pour m'approvisionner en disquettes et papier. Ce magasin se trouvant à deux pas de chez mes parents, après mes achats je leur avais rendu visite. Pendant que je parlais de tous les gadgets farfelus qu'on peut trouver dans une boutique d'ordinateurs, je me rappelai l'émerveillement de ma mère lorsqu'elle avait « saisi » que la souris d'un ordinateur s'appelle ainsi parce qu'elle ressemble bel et bien à une souris. Ma mère l'avait retournée dans tous les sens, trouvait que c'était « bien pensé, quand même, la queue, et tout, une vraie souris... » J'avais dit, pour la faire rêver un peu : « On pourrait lui dessiner des yeux, deux petites oreilles, une bouche, des moustaches... » Ma mère avait approuvé. « Mais le problème, avait-elle dit, c'est qu'il faudrait que ce soit indélébile, que ça ne s'efface pas à force de la manipuler... la belle petite souris... » Je me suis rappelé cette conversation alors que j'en arrivais justement aux tapis sur lesquels on fait rouler les souris et je passai donc directement à ce que j'avais vu de plus amusant, dans la boutique, et qui allait intéresser ma mère d'une façon toute particulière, j'en étais certaine : on vendait des housses protectrices pour les souris... et elles avaient l'allure d'une souris, elles étaient en peluche blanche, elles avaient de petites oreilles en feutre gris, des yeux noirs qui bougent, un petit museau avec de longues moustaches noires, c'était tordant, avec la « queue » de la souris sortant de sous la housse, c'était à s'y méprendre, racontai-je à ma mère dont les yeux s'écarquillaient au fur et à mesure que j'avançais dans ma description. Quand j'eus fini, ma mère demanda, comme c'était souvent le cas, « Ça coûte combien ? », ce qui me déçut et me ramena, comme c'était souvent le cas aussi, à des considérations plus prosaïques que poétiques. « Je n'ai pas l'intention d'en acheter une, dis-je sur un ton tout à fait neutre, c'est un gadget, c'est sûr qu'on le paie plus cher que ce que ça vaut. Ça se vend six dollars, je crois, évidemment c'est extravagant, personne n'a besoin de ça, ajoutai-je avant que ma mère ne le proclame elle-même, mais c'est mignon. Un gadget inutile. Mais tout à fait rigolo. » À ma grande surprise, ma mère n'avait rien ajouté d'autre que « Ben oui, ça doit être drôle », et nous avions parlé d'autre chose. Les mois passèrent et j'eus amplement le temps d'oublier le gadget que je n'avais effectivement pas eu l'intention de me procurer. Quand Noël arriva et que je déballai ce cadeau que ma mère avait acheté *pour* moi – je ne pouvais en douter –, ma surprise et ma joie furent si grandes, ma réaction, si spontanée, si enthousiaste, si intense, qu'en y repensant dans les mois qui suivirent, je me disais que le vent allait peut-être tourner, que ma mère ne pouvait pas ne pas avoir vu ma joie, qu'elle ne pouvait pas ne pas avoir compris quelque chose de fondamental, ce soir-là, et qu'elle ne pourrait plus jamais m'offrir des objets qui ne m'intéressaient même pas. Qu'elle ne pourrait pas ne pas me connaître un peu mieux dans l'avenir si à chacun de mes anniversaires et à chaque Noël elle essayait de trouver un petit quelque chose pour moi qui fût relié à moi, à un besoin, un intérêt, un désir, un manque. Mais ce fut la seule fois que ma mère s'adonna à ce genre d'extravagance. Je garde précieusement ma souris-housse. Elle a quelque chose du symbole, pour moi elle représente la petite fissure dans le bloc de béton qu'était ma mère, un moment de laisser-aller, de légèreté, de gratuité, de générosité, un moment de fantaisie, de dépense folle, d'extravagance, de plaisir pur, fou.

Il y a aussi une *image* de ma mère que j'aime bien revoir. Quelques années avant sa mort, ma mère avait acheté, pour la première fois depuis des décennies, des pantalons à la mode. Ces pantalons avaient des poches « comme les pantalons pour hommes », disait ma mère, et elle était déroutée de constater qu'après avoir dénigré les jeunes femmes qui, portant des pantalons avec ce genre de poches, y mettaient leurs mains comme le font les hommes, elle ressentît elle aussi une envie irrépressible de mettre les mains dans les poches de ces pantalons, même si ce n'était pas très élégant pour une femme... Mine de rien, elle m'avait demandé ce que j'en pensais : à son âge, les mains dans les poches, comme un homme... ? Je l'avais encouragée à le faire. Elle avait reconnu qu'elle trouvait cela très agréable, très confortable. Qu'elle se sentait un peu désinvolte lorsqu'elle mettait ainsi ses mains dans ses poches. J'avais par la suite pu constater, chaque fois que je visitais ma mère, ou la rencontrais dans la rue, que je pouvais désormais « deviner » si elle était ou non dans une de ses bonnes journées : quand elle se sentait plutôt bien, elle marchait les mains dans les poches. Et je la trouvais belle, « désinvolte ». J'aimais la voir ainsi. Je l'aimais, comme ça, les mains dans les poches. J'aime la revoir ainsi dans mes souvenirs.

L'amour est un enfant malingre, oui, et le bonheur, une mère qu'un rien effraie, qu'un rien fait fuir.

Mes bonheurs maternels, je les laisse couler entre mes doigts comme de la poussière de diamant, de la poudre d'or. Mon petit trésor, mon minuscule conte de fées. J'y replonge la main, je la referme sur mon bien que je réchauffe au creux de ma paume, je rouvre la main et laisse glisser les douceurs entre mes doigts, poudre d'or, poussière de diamant. Sable fin des étés que je n'ai pas passés à la mer. Petits grains de sable doux dans nos vies de misère à ma mère et à moi.

Voilà, je vais refermer le coffre. Il ne contient rien d'autre, si ce n'est cette chose difficilement cernable que j'appelle « la petite sensation de certains vendredis ou samedis soirs de mes sept ou huit ans », un sentiment de paix – ou de sécurité, je ne saurais trop dire – mêlé à une sorte de gratitude fragile. Ce sentiment très particulier ne m'envahissait que certains vendredis ou samedis soirs, quand ma mère (seule, les soirs de fin de semaine, parce que mon père avait un deuxième emploi pour boucler les fins de mois) ne sortait pas et qu'il ne venait pas non plus de visite, quand ma mère, fatiguée sans doute par la semaine qui s'achevait et donc plus tolérante, restait à la maison et qu'aucune tante, amie ou voisine ne venait lui rendre visite, quand ma mère, seule, fatiguée et peut-être un peu triste ou déprimée, se concoctait une petite soirée qui pût lui apporter, à défaut de grands bonheurs ou à tout le moins de vrais plaisirs, un certain réconfort. Cela signifiait : s'allonger confortablement sur le canapé devant la télé, le téléphone à portée de main. À ses côtés, le reste de l'arsenal : une petite bouteille de cocacola, qu'elle aimait boire à même le goulot, un gros sac d'arachides « en écales », un bol rempli de chips Maple Leaf, parfois une boîte de Glosette, de Cracker Jack ou de Cheese Bits, et les journaux de mon enfance, *La Patrie* et *Le Petit Journal*.

Ces soirées-là étaient rares. Parfois, ma mère sortait, surtout le vendredi soir, ou encore une voisine, une tante ou une amie s'amenait, et alors c'était une soirée « visite », avec ses petits côtés agréables, mais qui n'avait absolument rien à voir avec les soirées de fin de semaine passées seule avec ma mère. Ces soirs-là, on aurait dit que je n'étais pas complètement seule au monde : ma mère et moi étions comme rapprochées, presque réunies par l'absence de diversion, par la solitude que nous partagions pendant ces heures-là, par la fatigue et le calme après toutes les activités et le va-et-vient de la semaine, par la noirceur

143

et parfois la pluie ou la neige qu'il faisait dehors pendant que nous étions éclairées, au chaud, au sec dans notre cocon. Notre solitude, nous la supportions, ces soirs-là, parce que nous étions à quelques mètres l'une de l'autre. Ma mère, je le savais, aurait préféré la présence d'un adulte sinon d'un groupe entier, une conversation animée, des rires et du bruit, mais je sentais aussi qu'à défaut de cette autre présence la mienne était la bienvenue : je lui tenais compagnie – j'étais l'enfant idéale pour ce genre de rôle, à la fois docile et autonome ; je lui rendais tous les services qu'elle me demandait (ou plus exactement j'obéissais à tous les petits ordres qu'elle me donnait, « Va me chercher un mouchoir / Donne-moi la section des mots croisés / Apporte-moi le coussin / Descends dans la cave les journaux qui sont lus, en même temps regarde si la fournaise chauffe encore / Monte le son de la télé / Change donc de « poste » pour voir / Baisse le son / Va vider le cendrier pis rapporte-moi des allu-mettes / Va voir quelle heure il est / Va me chercher des ciga-rettes / Allume la lumière dans le vestibule / Va me chercher un autre Coke / Passe-moi le dictionnaire ») sans jamais rechi-gner. Jamais non plus je ne dérangeais ma mère, ne lui imposais mes états d'âme, ne réclamais qu'elle s'occupe de moi, ne faisais de caprices. Je m'occupais moi-même de moi, toute la soirée je m'occupais toute seule, satisfaite d'avoir le droit d'être là, au salon, aux côtés de ma mère, alors que mon petit frère dormait, que mon pauvre père travaillait, ravie de pouvoir « veiller » tard, moi l'aînée, d'avoir la permission de regarder la télé, de lire les journaux tout neufs que ma mère venait tout juste d'acheter, d'entamer ensuite l'un ou l'autre des livres empruntés à la bibliothèque de l'école quelques heures plus tôt. Je ne dérangeais pas ma mère pendant qu'elle regardait la télé, feuilletait les journaux, faisait des mots croisés ou parlait au téléphone, et je veillais à ce qu'elle ne manque de rien,

j'exauçais ses désirs, je comblais ses besoins. En échange
– entente tout ce qu'il y avait de plus tacite –, j'avais le droit
de partager une partie des réconforts de la soirée : un verre de
coca, une poignée de maïs soufflé au caramel, mon propre petit
bol de chips, les journaux de fin de semaine, une émission de
variétés, un film de fin de soirée. J'étais sage, docile, attentive,
prudente, aussi. J'avais appris rapidement tout ce qu'il ne fallait
pas demander et je crois que je savais d'instinct tout ce qu'il
ne fallait surtout pas faire : quémander une deuxième portion
de croustilles ou un deuxième verre de cola, se plaindre de quoi
que ce soit (du froid, de la chaleur, d'un picotement dans la
gorge, d'un sourcil qui sautille), s'agiter, renifler, s'étouffer avec
une bouchée ou une gorgée de quelque chose, accrocher un
meuble au passage suffisaient à provoquer l'exaspération de
ma mère qui aussitôt déclarait : « Bon, c'est assez tard, là, va
te coucher ! » Je ne parle évidemment pas de ces soirs catas-
trophiques où j'ai eu le malheur de renverser un objet (un verre,
un bol, un cendrier) : même vide, un objet qui vous échappait,
se renversait, tombait et faisait sursauter ma mère – et ce, même
si aucun dégât ne s'ensuivait, cola sur la table à café ou chips
ou mégots de cigarettes sur la moquette, et même si l'objet,
malgré sa chute, était toujours intact – vous attirait à la fois le
verdict fatal d'aller dormir (non pas jouer ou lire dans sa
chambre, mais bien se coucher et dormir) et les foudres maternelles : colère, punition. Je savais ce qu'il fallait éviter de dire,
de faire, de demander, de répondre, d'espérer. Le déroulement
de la soirée en dépendait complètement. Aussi la sensation que
je ressentais parfois, ces soirs-là, une étrange sensation de bien-
être – l'impression d'être à l'abri dans un cocon – n'était-elle
jamais pure, totale. À chaque instant, je pouvais être expulsée
du paradis, rejetée sans appel, j'étais une petite Cendrillon dont
le carrosse à *tout* moment pouvait se transformer en citrouille.

Ce n'est qu'à la toute fin de la soirée, blottie sous les couvertures, lorsque tout s'était bien passé, ce soir-là, que je sentais quelque chose de doux, de chaud m'envahir, me remplir, de la racine des cheveux au bout des orteils, de paix et de reconnaissance. J'ai aimé ces quelques vendredis et samedis soirs de mes sept ou huit ans. Après cet âge, de tels moments de grâce ne se produisirent plus jamais. Ma mère avait alors franchi un seuil, je crois, elle avait fait un pas de plus du côté du malheur, un grand pas comme un saut dans le vide. Il n'y eut plus jamais de ces échappées qui redonnent quasiment le goût de vivre, qui ressemblent à des trêves, douces, fragiles, remplies d'incrédulité et d'un espoir fou.

Quand je me penche vers mes trésors, désormais, c'est un peu comme si ma mère se penchait sur moi. Un jour – quel âge aurai-je alors ? – j'ouvrirai tout bonnement mon coffre aux trésors, je tendrai mes bras et quand j'esquisserai le geste de plonger mes mains dans ce que j'ai de plus précieux, ma mère glissera ses bras sous les miens, me pressera contre elle et posera ses lèvres au creux de mon cou.

Cette mère-là me manque immensément, celle que j'aurais réussi à apprivoiser, dans mon enfance, et qui m'aurait lu des histoires après m'avoir donné un bain, après m'avoir mise au lit, et qui m'aurait embrassée sur le front à la fin de l'histoire, juste avant de me border, d'éteindre la lumière et de me souhaiter une bonne nuit, de beaux rêves, « dors bien et à demain, mon amour ».

J'aurais fermé les yeux chaque soir sans craindre de mourir, seule, dans tout ce noir autour du lit.

Ma mère dans son cercueil était le plus grand et le plus beau mystère auquel la vie m'ait confrontée. Je la regardais et savais que même si je passais le reste de mes jours debout devant ce corps allongé dans ce cercueil, jamais je n'arriverais à comprendre. Malgré tous mes efforts, jamais.

Jamais je ne comprendrais d'où nous venons, tous, ce que nous faisons là, nous tous, et pourquoi nous le faisons si nous n'en comprenons pas le sens. Et je ne comprendrais pas plus, dussé-je vivre deux cent mille ans, pourquoi un jour notre corps s'effondre et ne répond plus et se met à pourrir. Et ce qui arrive après, quand le corps est dans la terre, ou réduit en cendres : tout commence ? tout est fini ? tout recommence encore une fois ?

Petites questions de rien du tout, pensais-je devant le cercueil de ma mère, petites questions ridicules et grotesques, inutiles, au fond. Le pourquoi et le comment de tout ça, et quelques autres futilités qui nous empoisonnent la vie une vie durant. On se casse la tête, on s'empêtre et il n'y a peut-être rien à comprendre. Quelle énigme que ce corps allongé dans un cercueil et qui ne se relèvera jamais plus, même s'il devait y avoir une autre vie après celle-ci : ce corps-là est fini, fini à tout jamais, K.O., *kaputt*, il a fait son temps même si son temps était bien court, il n'y a plus rien à en tirer, il n'en sortira plus rien sinon des vers si on n'endigue pas le mal par le feu, quel beau mystère quand même que le corps de ma propre mère inerte à tout jamais ! « Dépouille mortelle », quelle belle façon de dire les choses, au fond, quelle chance ils ont, ceux qui sont convaincus que l'esprit se dépouille de son enveloppe charnelle ou que le corps mue et qu'il faut se réjouir lorsqu'on se trouve en présence d'un tel artefact, d'un tel reste – inhumer, incinérer « les restes », dit-on aussi – puisque cela veut dire plus grand, plus beau, paon éclatant, papillon tout neuf.

Quand ma mère vivait et que quelqu'un de cher à ses yeux mourait, elle le photographiait dans son cercueil. Par la suite, elle regardait parfois ces photos de son père, de sa mère, de ses enfants dans leurs cercueils. Je ne comprenais pas, alors, ce besoin de regarder dans leur cercueil des êtres qui avaient été vivants, de regarder des cadavres – pour le dire crûment. Pourtant, ma mère semblait trouver son compte, dirais-je, à regarder ces photos : ce que ces images donnaient à voir, ça n'avait pas l'air d'être un moins (Mathias sans vie, Diane sans vie, de simples cadavres, désormais) mais bel et bien autre chose, quelque chose de plus qui n'y était pas avant, ne pouvait pas exister encore : Pierre-Claude devenu un petit ange, Georgianna maintenant trépassée, passée de vie à trépas. « Il était arrivé au vieil absent... diverses choses, écrit Hugo, dont la principale était qu'il était trépassé. »

En arrivant au salon funéraire, mon père a dit : « À propos, j'y ai pensé... Moi, je ne prends pas de photo de Thérèse dans sa *tombe*, je trouve ça trop morbide. » Je l'ai approuvé, j'étais sidérée qu'il ait même pu envisager un seul instant de photographier ma mère ainsi, photographier le cadavre de ma mère.

Mais, chose étrange, maintenant que tant de jours et de mois ont passé, maintenant que le macabre et le morbide ne me font plus peur parce que j'en ai eu plein mes rêves, j'aimerais bien posséder une photo de ma mère telle qu'elle était quand plus rien ne la troublait, ne la faisait souffrir. J'aimerais revoir ses paupières fermées, son visage sans expression, libéré de toute émotion. J'aimerais revoir les traits de son visage d'alors. Il n'existe pas de photo de ma mère dans sa dernière année de vie. Aujourd'hui, j'aimerais bien qu'existassent à la fois cette photo et une de ma mère immobilisée, immortalisée dans sa mort. Il me semble que j'y trouverais du réconfort – de la réalité et, donc, du réconfort.

Même mes cauchemars, dans les premiers mois remplis à souhait de scènes macabres – de dénis –, ne sont maintenant plus aussi étanches et laissent passer la réalité. Si on apprend à ne pas reculer devant ce qui peut sembler macabre, il s'estompe et laisse voir des choses qu'on ne peut voir ailleurs, qu'on ne peut voir autrement qu'en posant ses yeux sur ce qui est difficile à regarder. Le cauchemar le plus terrible que j'aie fait, ces derniers temps, l'était infiniment moins que ceux du début : ma mère était morte mais pas encore complètement. Nous – la famille, je suppose – avions déposé son corps dans la baignoire, mais ce n'est pas ainsi que nous aurions décrit la chose : ma mère était couchée dans la baignoire, tout simplement, sauf qu'elle était morte et que pour la conserver en vie malgré tout, pour ne pas qu'elle meure jusqu'au fond d'elle-même, profondément et à jamais, nous avions plongé le corps de ma mère dans un liquide qui ressemblait à du formol. Mais un jour – et dans mon dernier rêve, c'était ce jour-là –, je me suis rendu compte avec stupéfaction que le liquide n'était pas « complètement efficace » : les jambes de ma mère, lourdes et noires, étaient mortes. Lorsqu'on tentait de lever ma mère et de la faire tenir debout, ses jambes, molles comme de la guenille, ne la soutenaient plus. Il fallait faire vite, et la décision n'était pas facile à prendre : ou bien essayer de ramener pour de vrai le reste du corps de ma mère à la vie malgré les jambes irrémédiablement mortes, ou bien sortir ma mère de cette baignoire où elle avait déjà trop longtemps séjourné et l'ensevelir en considérant qu'on ne pouvait plus rien contre le processus de putréfaction qui avait déjà fauché ses jambes et était sûrement en pleine action dans le reste du corps malgré l'apparence tout à fait normale de la peau du visage, des bras, du tronc.

Les rêves sont d'une éloquence stupéfiante.

Désormais, ce qui me trouble le plus, au réveil, ce ne sont pas les images « macabres » de ces cauchemars dans lesquels ma mère apparaît mais bien la limpidité de leur sens.

Je crois que les scènes que l'on qualifierait de « macabres », dans ces rêves, ne le sont plus, à mes yeux. Elles ne provoquent plus, au réveil, ni envies de vomir ni effondrement. J'ai apprivoisé les images de l'horreur en apprivoisant l'horreur elle-même. Ce qui me reste, au sortir de telles plongées dans l'inconscient, c'est plutôt la mesure du chemin parcouru : la visibilité du travail du deuil. Ma mère, qui est morte, disparue à tout jamais, est en train de mourir peu à peu.

Ma mère dans son cercueil est une vision quasi hallucinante. Hypnotisante. Ma mère inerte – sans cesse inerte, complète-ment muette – est une vision éblouissante.

Je ne peux pas oublier ce que j'ai ressenti devant ce cercueil mais j'ai du mal à le mettre en mots.

De la première à la dernière seconde passées devant cette boîte dans laquelle on avait couché ma mère, j'ai souhaité être seule avec ma mère dans son cercueil, seule avec mes senti-ments, mes émotions.

Mon souhait ne s'est pas réalisé : pas un seul instant je n'ai pu être face à face avec ma mère, sans qui que ce soit autour. Toujours il y avait quelqu'un, la foule. Pendant trois jours, j'ai tenté de trouver le moyen de passer quelques minutes « en tête à tête » avec ma mère, mais ce fut tout pareil au temps de son vivant : un peu d'intimité avec ma mère, c'était trop demander et cela ne me fut pas accordé.

Pourtant, cette vision de ma mère couchée dans son cercueil était si forte, si grande qu'on aurait dû le ressentir aussi, autour de moi, que... comment dire... qu'il se *passait* quelque chose là et qu'il fallait se taire et regarder très attentivement. Sentir au moins que pour *moi* en tout cas, il se passait quelque chose... Et me laisser seule – un peu – vivre ce moment unique qui jamais plus ne se répétera. Mais je sais bien que ce n'est pas ainsi que les choses se déroulent de nos jours dans un salon funéraire : on ne sent pas qu'il se passe quelque chose, et pour la plupart des gens, en effet, il ne se passe rien. Pourquoi, comment ces gens pour qui il ne se passe rien pourraient-ils deviner que pour d'autres il en est autrement ?

J'ai cru que ça se voyait sur mon visage qu'il se passait quelque chose, là, pour moi, j'ai cru qu'on pouvait le voir sur mon visage que tout à coup je n'en pouvais plus de faire la conversation et que je voulais être seule quelques instants devant le cercueil de ma mère, j'ai pensé bêtement qu'on pouvait lire sur mon visage que par moments je ne voulais plus parler, parce que je ne le pouvais plus, malgré toute ma bonne volonté et le fait que j'acceptais les règles du jeu et me comportais normalement en cette circonstance socialement si fortement organisée, balisée – banalisée. J'ai cru qu'on pouvait sentir que ce qui se passait là était quelque chose de marquant, de déroutant, de captivant, quelque chose qui ne durerait pas toujours et qu'au lieu de s'en détourner, apeuré, et de s'étourdir de bruits et d'éclats de rire en attendant que ça passe, il fallait plutôt s'arrêter de parler et tourner son regard vers le lieu, le point dans l'espace où cela se passait : le cercueil au fond de la pièce, ma mère étendue dedans. Un grand mystère. Peut-être plus douloureux que joyeux, mais prodigieux, fabuleux.

Quelque chose de fugitif se donnait à voir, voulait être saisi, compris.

Cela éblouissait d'évidence et ne demandait qu'à entrer dans l'esprit, le cœur. C'était pénétrant, tout à fait convaincant, et s'explique pourtant mal, après coup, une fois que sont disparus le cercueil et la mère qui reposait dedans : le néant. Ma mère dans son cercueil me faisait cadeau d'une vision que je n'avais jamais eue. En la regardant, j'avais soudain l'intuition de ce qu'est le néant. Ma mère dans son cercueil incarnait le plus grand mystère, le plus fou : le néant, et la vie dedans. La vie et le néant dedans.

J'aurais aimé qu'on me laisse un moment seule avec cette prodigieuse vision. J'ai cru qu'on pouvait le deviner, je n'ai donc rien fait et rien dit pour signifier ce désir que j'avais. Je n'ai rien fait et rien dit d'autre que ce qu'on attendait de moi dans les circonstances. Trop d'émotions, trop d'effarement, trop de fatigue, trop de questions, trop de monde tout autour, trop de demandes, d'interférences. Trop de personnes, aussi, dans ma mère. J'ai voulu en tenir compte (respecter ce que vivaient le mari, le fils, l'autre fille, les sœurs, les frères, les amis, les voisins) mais je crois que j'ai accordé *trop* d'importance à cela, finalement. Quand est venu le moment de fermer le cercueil et que tout, en moi, s'est élancé vers ma mère, je n'aurais pas dû m'occuper du lointain voisin qui est alors venu se placer à mes côtés et s'est mis – pour faire diversion, peut-être, pour que je ne me rende pas compte de ce qui se passait – à me raconter des banalités sans queue ni tête. L'intention était peut-être louable mais cet homme, avec ses tentatives de diversion, pavait, avec chacune de ses paroles, le chemin qui menait à mon enfer : je voulais être seule un instant avec ma mère avant qu'on ne referme sur elle, à tout jamais, le couvercle de son cercueil, et je ne l'étais pas, je ne le serais pas, je ne l'aurai pas été.

Aujourd'hui, noir sur blanc, sur chacune de ces pages, je ne peux rien écrire d'autre que ce que je voulais, aurais voulu et veux vraiment dire – et qui est peut-être à mille lieues de ce qu'on pourrait bien attendre de moi.

Ce qui me paraît triste, je le qualifie de triste, même si, ces années-ci, il n'est pas bien vu d'être attristé par la mort « qui est un phénomène aussi naturel que la naissance ». Ce que je trouve pathétique, je dis que c'est pathétique, même si moi-même j'ai horreur du pathos et que je n'aime pas le mélo. Ce qui me semble dévastateur l'est, ce qui est macabre, ou grotesque, n'a pas à être autre chose que macabre, ou grotesque. La mort n'est pas que naturelle et belle et noble, et même la mort d'une mère est pleine d'absurdité, de ridicule, de trivialités, de clichés, d'insignifiances. De laideur, aussi. De petitesse. De choses repoussantes, choquantes. La mort d'une mère a le droit d'être quelque chose de dérangeant, de dégoûtant, de troublant, de déroutant, de tragique, d'unique, de fascinant, de prenant, de bouleversant, d'accaparant, d'effarant, d'effrayant, de sidérant, de paralysant, de secouant, de chavirant, de propulsant, de soulageant, de libérateur. Je le pense.

Je l'écris comme je le pense.

Quelques jours après les funérailles de ma mère, un ami m'a dit : « Cesse de pleurer. Au fond, ta mère vient de te faire un très grand cadeau, le plus beau, le plus important de toute ta vie : elle t'a libérée d'elle, de sa tyrannie, de son emprise sur ta vie. Sa mort est une grande libération – pas seulement pour elle-même, pour toi aussi. Profites-en. Vis. Vis enfin sans elle. »

Sur le coup, les paroles de cet ami m'ont fait pleurer encore davantage. J'entendais seulement quelque chose comme « Ta mère est morte pour te libérer », et cela me choquait, m'effarait. Puis j'ai entendu « La mort de ta mère est une véritable libération. Pour tous. Pour toi aussi. Prends-en conscience (reconnais-le, avoue-le) » et j'ai pleuré de honte. De chagrin et de honte : c'était vrai que l'entourage immédiat de ma mère, et moi tout autant que les autres, se sentait soudain libéré d'un poids énorme – était pris au dépourvu et ne savait quoi faire de cette liberté inespérée mais se sentait en effet libéré du fardeau de presque toute une vie. Mais que, tout en ayant de la peine, on puisse se sentir libéré par la mort de quelqu'un de si proche, cela fait quand même mal de le reconnaître. Cela prend du temps. Surtout quand le fardeau dont on est délivré s'appelle maman.

Le temps a passé et peu à peu j'ai bien compris le commentaire de mon ami, j'en ai saisi toutes les nuances. J'ai trouvé qu'il avait entièrement raison : la mort de ma mère me libérait du fardeau de sa vie et me permettait enfin de vivre *sans* ce fardeau – de *vivre* sans ce fardeau. Et c'était bel et bien un cadeau que la vie me faisait (que ma mère, en mourant, me faisait).

Et alors, même si elle y était sûrement pour rien, même si elle n'était pas morte *pour* me libérer, j'ai senti naître en moi une immense reconnaissance, pour ma mère, pour la vie, je ne saurais dire, mais à côté du sentiment de perte, à côté du manque et du chagrin, quelque chose prenait forme qui ressemblait à de la gratitude. À côté du vide de son absence se construisait une petite chose arrondie comme un galet, douce, chaude et parfaitement lisse, dont je sentais la présence jusque dans mes pieds, qui me faisait comme une nouvelle vie à l'intérieur, comme s'il m'était poussé un ange gardien là où autrefois régnait la tourmente (le tourment) : ma mère ne pouvait plus me faire de mal, plus jamais jusqu'à la fin de mes jours. Je connaissais maintenant mon histoire, mon héritage maternel : une robe trouée ici, et là, là aussi, et là encore – mais juste trouée. Chaque fois que j'y pensais, chaque fois que j'y pense, c'est comme si toute la robe m'apparaissait dans sa splendeur, comme si je recevais en cadeau chaque millimètre intact de ce vêtement dans lequel plus rien, désormais, ne peut venir faire des accrocs comme autrefois.

Qui m'a parlé de ce rituel, dans la religion juive, auquel on s'adonne lors de funérailles ? Pour signifier la douleur, le patriarche ferait un accroc au vêtement de l'endeuillé.

Il y a les trous dans la robe, les accrocs du temps de son vivant, mais il y a aussi cette déchirure que produit la mort.

Les brisures sont différentes, mais à partir d'un certain moment, on dirait qu'elles se superposent. Ou qu'elles se confondent. Ou plutôt, peut-être : qu'elles se répondent.

Dans tout ce qu'on fait, on en retrouve des traces, dans les livres qu'on écrit, les tableaux qu'on peint, la musique, les films, les sculptures, les chorégraphies, les photographies : il y a quelque chose de cassé, quelque chose de blessé. Il y a des fissures, des fêlures, des écorchures. Il y a quelque chose de meurtri qui surgit, qui transparaît ou qui s'affiche. On ne perd pas impunément sa mère. Qu'on la perde tôt ou tard. Qu'on la perde bien – du moins sur le coup – ou qu'on la perde mal. Parfois, aussi, elle était perdue depuis toujours. Alors, même avant que la mère ne disparaisse sous la terre, il y a des films, des tableaux, des livres qui contiennent des accrocs, des traces de blessures, des personnages écorchés ou fêlés, des villes qui brûlent, des sols qui s'ouvrent, des paysages ravagés par des coulées de lave ou la sécheresse ou de grands gels. Des coffres éventrés, béants. C'est normal. C'est banal. Il n'y a pas à s'en étonner. Ne pas avoir accès à la mère, c'est comme si on vous brûlait votre maison. Comme si on vous coupait un doigt.

Comme si on vous cassait les deux jambes. Comme si on vous abandonnait dans une tempête de neige ou dans une barque qui prend l'eau ou au bord d'un volcan.

Quand ma mère est morte, j'étais loin d'elle. Très loin.

Au cours de l'année qui a précédé sa mort, ma mère avait perdu quasi tout contrôle sur elle-même, elle dérapait, je l'ai dit, elle déraillait, et moi je n'arrivais plus à la supporter.

À l'automne, déjà, nous avions toutes deux atteint le point de non-retour, elle dans son hystérie, moi dans mon exaspération.

Je me souviens que, pendant ces mois-là, le contact ne se faisait plus : toute « conversation » dérivait et échouait systématiquement sur un sujet conflictuel, et quand je tentais de clarifier les choses, ma mère « décrochait », tout simplement, et ne répondait même pas aux questions que je lui posais. Ce n'est pas qu'elle me faisait savoir qu'elle refusait de répondre à telle ou telle question, elle se taisait, c'est tout, elle s'empêchait de montrer quelque réaction que ce soit, verbale ou non. Je répétais ma question plusieurs fois, j'insistais : rien. Puis, après lui avoir demandé à plusieurs reprises pourquoi elle ne répondait pas à la question que je lui posais, j'implorais : « Dis-moi au moins que tu ne *veux* pas répondre à ma question. Que tu entends ce que je dis – mais que tu ne *veux* pas répondre. » Rien. J'avais l'impression que nous nous enfoncions dans les sables mouvants de la folie, je voulais y échapper, je revenais à la charge : « Maman, s'il te plaît, dis-moi "Je ne veux pas répondre à ta question", juste ça. Regarde-moi. Maman, regarde-moi. Maman... Maman ! Tu as le droit de ne pas vouloir me répondre... Dis-moi juste ça avant que je m'en aille : "Je n'ai pas envie de te répondre." Maman... Maman ? »

160

Mais ma mère pressait ses lèvres l'une contre l'autre. Visage fermé, blême de colère ravalée, regard dur, tranchant, absent : ma mère regardait ailleurs, fixait un point au loin, au delà de mon épaule contre laquelle elle n'a jamais appuyé sa tête, au delà de l'horloge grand-père derrière moi, elle regardait au loin, très loin par-delà le miroir dans le hall d'entrée, et elle se taisait avec une intensité stupéfiante.

Puis, ce fut Noël (ce fut quand même Noël).
Puisque Noël était arrivé, il fallut le fêter.

Une journée épouvantable. Tellement pitoyable que je suis incapable d'en livrer les détails : j'ai le sentiment que nous ne nous trouvions plus au niveau de quelque chose d'humain. Disons que ce fut un Noël bien triste et qu'en quittant ma mère, ce soir-là, je fis plus que rentrer chez moi : je décidai que c'en était assez, que désormais c'était ma mère ou moi, et je quittai ma mère. Cette femme me poussait sans arrêt au bord d'un précipice. Tout l'automne, je m'étais débattue pour éviter qu'elle ne m'y précipite – enfin. Ce soir-là, en rentrant chez moi, je choisis la vie. La mienne. Je me retirai doucement, du moins j'essayai : je ne voulais pas jeter d'huile sur le feu, annoncer une rupture, me vider le cœur, déballer mon sac, claquer la porte, couper les ponts, je voulais simplement la paix, protéger mon équilibre mental, me mettre à l'abri, faire en sorte de rester en vie, pour l'instant. Je saurais peut-être mieux quoi dire, quoi faire quand j'aurais pris un peu de distance. Il me fallait de la distance à tout prix, pas seulement du recul, de la distance physique, aussi. J'avais l'impression que toute mon intégrité, autant physique que morale, en dépendait.
Quelques jours passèrent. Mon « silence » créa un incroyable remous. Le temps des fêtes est propice à l'exacerbation

des sentiments et depuis longtemps, déjà, nous vivions assis sur un baril de poudre, la mèche était même déjà allumée, et moi j'espérais tout bêtement trouver le moyen de ne pas jeter d'huile sur le feu qui grugeait la mèche...

La famille avait plus que jamais besoin de moi comme d'un tampon, une éponge, mais moi je n'y étais plus pour jouer ce rôle. Sans moi, l'équilibre précaire était rompu et ceux qui restaient ne pouvaient plus ne pas s'entre-déchirer : ma mère les acculait au pied du mur, les jetait l'un contre l'autre.

Il y eut des cris, des accusations, des hurlements de fureur, des menaces. Nous étions dans le drame jusqu'au cou et je ne voyais pas comment tout cela pouvait se terminer – sinon dans un bain de sang, pensai-je au cours des semaines qui suivirent le « temps des réjouissances ».

En fait, cela prit fin ainsi : ma mère mourut. Subitement.
Et nous laissa pantois, hébétés.
En quelque sorte, elle eut le dernier mot. Devant cette formidable fuite en avant, nous restâmes tous bouche bée.

Quelques jours avant sa mort, ma mère, que je n'avais pas revue depuis Noël, a croisé une dernière fois ma route.

Chaque fois que je repense à cette rencontre fortuite, je me dis que j'aurais préféré ne pas vivre cet ultime affrontement, ne pas faire l'expérience que j'ai faite, ce jour-là. J'aurais préféré – même s'il était pitoyable – pouvoir dire : le dernier souvenir que j'ai de ma mère est ce soir de Noël qu'elle a mis toute son énergie à saboter. J'aurais en mémoire les paroles et les actes d'une femme alors totalement prisonnière de sa mauvaise foi et qui, ce soir-là, s'essayait au cynisme, ce qui était nouveau, et qui donnait envie de fuir à toutes jambes et de s'éloigner d'elle à tout jamais. Cette femme-là était pitoyable. Mais celle rencontrée par hasard à la banque, quelque temps avant sa mort, était en outre misérable, complètement misérable. Et rompre avec une mère misérable est beaucoup plus difficile qu'avec une mère « simplement » pitoyable : le souvenir de ma mère telle qu'elle s'était comportée le soir de Noël me ramenait immédiatement à la conviction que je devais désormais garder à tout prix mes distances, alors que l'image de ma mère à la banque avait quelque chose de tragique qui me bouleversait et me chavire encore chaque fois que j'y pense.

J'avais un livre à acheter à la librairie située près de cette succursale – où je n'allais que très rarement, par exemple quand j'allais à cette librairie ou encore quand je rendais visite à mes parents habitant à deux pas de là.

Je suis passée à la banque avant d'aller à la librairie.

Je faisais la queue, le nez plongé dans un bouquin, quand soudain la voix de ma mère me fit sursauter. Ma mère ! Elle allait si rarement à la banque, jamais je n'aurais pu imaginer l'y rencontrer, surtout pas ce jour-là, une journée froide et grise de février, une de ces journées que ma mère, d'habitude, passait en pyjama, le chauffage poussé au maximum, consacrant son temps à la télé et au téléphone, de préférence aux deux simultanément.

Je me retournai, le cœur affolé, désemparée : qu'allait-elle me dire, qu'allais-je lui répondre, je n'étais pas prête à la revoir si tôt, qu'allait-il se passer, là, maintenant ?

Je me retournai en essayant de rattraper les mots que sa voix avait prononcés. Comment m'avait-elle abordée ? M'avait-elle saluée ? Non. Non, elle n'avait pas prononcé mon nom ni « bonjour » ni quelque autre salutation. Mais qu'avait-elle donc dit en s'adressant à moi ? Car c'était bien à moi qu'elle s'était adressée, là tout juste derrière moi, à quelques millimètres de mon oreille.

Je me retournai et vis son visage de femme malheureuse, amère, vieillissante, et mon cœur se mit à battre comme un dératé. Ma mère était là, à quelques millimètres, son gros manteau d'hiver frôlant le mien, nous tenions toutes deux à la main droite un livret de banque bleu royal et une facture d'électricité, si peu de choses nous différenciaient, au fond, pourquoi fallait-il qu'il y ait ce mur, cette montagne entre nous, comment était-ce possible que je ne puisse pas me retourner, le cœur remué de bonheur par le son de sa voix, et la prendre dans mes bras, et elle, elle me serrerait contre elle, contre son gros manteau d'hiver par-dessus son gros corps, pourquoi ce regard qui déjà me rejette et cette bouche qui dit simplement – voilà ce qu'elle a dit, tantôt, et maintenant elle le répète pendant que je plonge mes yeux dans les siens : « Ouais, y a du monde... »

Je la regarde et cherche, comme toujours, quelque chose à lui dire qui nous rapprocherait, qui rendrait inutiles d'autres phrases du genre « Ouais, y a du monde » ou « Fait un temps à pas mettre un chien dehors », mais c'est trop tard, même ce jour-là, après les grands affrontements de Noël et de l'après-Noël, ma mère me salue avec des propos qui ne nous concernent ni l'une ni l'autre et enchaîne ses commentaires à la queue leu leu, elle dit, dans un seul souffle, alors qu'elle ne m'a pas vue depuis Noël et que Noël a été une horreur : « Ouais, y a du monde... Ton père est allé aider François à *peinturer* son appartement... Pauvre François ! Fait pitié. Quasiment tout le temps en chômage. Sa mère lui a laissé un beau chalet en héritage mais il a pas d'argent pour mettre de l'essence dans son auto, ça fait qu'il peut pas profiter du chalet. Faut l'encourager, il se décourage à rien. Ça fait que ton père est allé l'aider. Pauvre François, il a rien devant lui... »

Elle parlait rapidement, fort, d'une manière saccadée, comme s'il y avait urgence, comme si elle était au bord de la panique, comme s'il fallait se mobiliser sur-le-champ pour un François dont le mode de vie était pourtant le même depuis des années.

Je l'écoutai d'abord attentivement, me demandant où elle voulait en venir, pourquoi elle me faisait ce récit en guise d'entrée en matière, comment elle allait en arriver à me parler de nous, de Noël, du fait que je ne téléphonais plus, n'allais plus les voir, mais les phrases s'enchaînaient, s'enchaînaient, il était maintenant question d'une de mes cousines, puis d'une autre, la première en avait marre de ne toujours pas avoir de piscine à trente-huit ans, l'autre avait des problèmes avec son auto, et ma mère les comprenait et les plaignait, « maudites autos, y a toujours quelque chose qui marche pas », et puis ce n'était « pas drôle de voir que tout le monde a une piscine et d'être la seule à ne pas en avoir », disait ma mère, le plus sérieusement du monde, et moi je l'écoutais, puis soudain je me suis dit mais qu'est-ce qu'elle me raconte là ? Qu'est-ce qu'elle me raconte là au lieu de parler des choses essentielles ? Et qu'est-ce que c'est que cette compassion pour des cousins-cousines qui sont tellement moins à plaindre que ma sœur et moi ?

Et alors, au lieu de me taire « parce que de toute façon ça ne changerait rien à rien », j'ai interrompu ma mère, j'ai dit : « Moi, je ne trouve pas qu'il fasse tant pitié que ça, François. Il a un chalet, tes enfants n'en ont pas, il a une auto, tes filles n'en ont pas, à son âge il a toujours été logé, nourri... » Ma mère a voulu en remettre, « Oui mais », alors j'ai enchaîné, moi aussi, avec les cousines : celle qui n'avait pas de piscine avait quand même une maison, héritée de ses parents, ce que nous n'avions pas, nous, et n'hériterions jamais de nos parents, et elle avait aussi une bien belle auto... une camionnette, non ? Quant à l'autre cousine, elle... », mais on m'appelait au comptoir, une caisse venait de se libérer. J'hésitai une seconde, on m'appela à nouveau, je dis : « Bon, faut que j'y aille, c'est mon tour. Mais je trouve que... c'est choquant, tu sais, et ça me fait de la peine de voir à quel point tu t'apitoies constamment sur le sort de tes neveux et nièces, alors que ma sœur et moi, par exemple, nous avons des vies bien plus difficiles, je t'assure... »

Je regardais ma mère. On ne pouvait rien lire dans ses yeux. D'habitude, on voyait tout de suite que l'orage allait nous tomber dessus d'une seconde à l'autre. Là, c'était comme si ma mère n'avait pas de regard. Je scrutai son visage. Je savais que la moindre phrase de désaccord la mettait en colère et que cette colère prenait une série de visages pour lesquels je ne trouvais qu'un mot : laids, le visage de ma mère contredite était toujours laid, qu'elle se terre dans un mutisme plein de mépris ou qu'elle hurle en brandissant un couteau à dépecer, les traits de son visage devenaient ceux du malheur fou qui peut tuer. Mais là, je regardais ma mère, et tout ce que je voyais, c'était une sorte de vide, une absence. Je regardai par terre, puis me forçai à relever les yeux : son visage était en train de se refermer, sur l'amertume, la déception, le désespoir qu'engendre le sentiment d'être sans cesse incompris. Puis ce visage, que je connaissais si bien, s'étira lentement vers le bas, vers la terre, il se relâcha, il tombait, il s'effondrait comme une digue qui cède, soudain. Je le voyais se transformer sous mes yeux : toute la tension, toute la nervosité qui contractait son visage un instant plus tôt avait disparu d'un coup quand j'avais interrompu son « Oui mais », et maintenant, de fraction de seconde en fraction de seconde, il se décomposait, et ce qui s'installait au fond des yeux était quelque chose que je ne connaissais pas, quelque chose d'altéré, justement, de défait, quelque chose de contre-carré, de vaincu, de dérouté, quelque chose qui s'absente, qui regarde ailleurs, qui s'en va, qui est rendu ailleurs, déjà.

Je ne savais plus quoi faire, quoi dire. Derrière ma mère, quelqu'un me fit signe que c'était mon tour. « C'est mon tour », dis-je en me déplaçant à reculons. Ma mère avança d'un pas.

Le moment était mal choisi – mais il n'était même pas choisi du tout, les mots sortirent tout seuls de ma bouche et je fus la première étonnée de ce que j'annonçais à ma mère... Je dis tout à coup, parce que je venais de penser « Je ne la reverrai plus, donc avant d'aller au comptoir, je dois l'informer de ma décision de ne plus participer à l'achat collectif du billet de loterie que papa achète chaque semaine », je dis, en promenant mon regard sur le visage de ma mère : « Et puis, je voulais te dire aussi que je n'achèterai plus de billet de loto à compter de cette semaine. »

Ce billet de loto si cher à ma mère, nous l'achetions à quatre depuis des années, c'était un rituel qui me pesait mais auquel ma mère tenait tellement que jamais je n'avais osé m'en retirer, j'insistais simplement – malgré le désaccord de ma mère qui voyait là un moyen de me soustraire au devoir d'aller lui rendre visite au moins une fois par semaine – pour m'acquitter dès le début du mois de toutes mes contributions hebdomadaires et parfois je réglais même, comme cela avait été le cas cette fois un peu avant Noël, six, sept, huit billets d'avance.

Je savais ce que mon annonce représentait pour ma mère : je coupais les ponts ; j'en coupais un, en tout cas ; un énorme.

Je n'avais pas prévu annoncer cette nouvelle de cette manière-là, je n'avais pas imaginé non plus rencontrer ma mère en allant à la banque, ce jour-là.

Tout à coup, en la regardant, cela m'avait paru clair comme de l'eau de roche : nous ne nous reverrions plus, ma mère et moi, c'était notre dernière rencontre. Ce que cela voulait dire, au juste, je l'ignorais. J'ai pensé, sur le coup, en m'entendant parler : cela signifie donc que j'ai décidé de ne plus la voir... Mais je n'étais pas sûre d'avoir décidé quoi que ce soit, j'avais simplement la conviction, en regardant ma mère, que je ne la reverrais plus jamais, et lorsque je pris conscience de cela, je pensai : avant d'aller au comptoir, je dois clarifier cette histoire de billets de loto, après il sera trop tard, c'est la dernière fois que je parle à ma mère, la dernière fois que je la vois.

Aujourd'hui, quand j'y repense, je me dis que j'ai peut-être senti, deviné que ma mère allait mourir. Mais, comme c'est souvent le cas, dans la vie, je ne comprenais pas vraiment, je ne comprenais pas bien ce que j'avais deviné, je ne savais pas que je savais.

Lorsque j'ai dit à ma mère, en essayant d'avoir le courage de la regarder dans les yeux jusqu'à la fin : « Et puis, je voulais te dire aussi que je n'achèterai plus de billet de loto à compter de cette semaine », il y a eu comme un voile qui est passé sur ses yeux, cela m'a frappée parce que c'est exactement ainsi qu'on décrit la chose dans les cours de formation en « accompagnement des mourants », on nous dit que chez ceux qui vont mourir on remarque souvent que le regard se voile, on dit qu'à l'approche de la mort les yeux pâlissent avant que le regard ne s'éteigne, et j'ai pu constater en veillant des mourants qu'il en est ainsi.

Un voile est passé sur ses yeux, l'iris est devenu encore plus beige qu'il ne l'était déjà depuis des mois, les paupières ont semblé s'alourdir, le regard avait l'air tout à coup écrasé par un poids énorme. Mais les prunelles restaient immobiles. Ma mère n'a pas cillé, comme hypnotisée, le regard suspendu, accroché à je ne sais quoi dans le vide.

Ma mère me regardait sans me voir, on aurait dit qu'elle était dans la lune.

J'ai reculé d'un autre pas, elle a bougé un peu dans la même direction que moi, et juste avant que je ne me retourne, son regard est devenu dense, pénétrant, j'ai senti les yeux de ma mère se river aux miens, je les ai vus s'embuer, ma mère a très légèrement hoché la tête en signe d'accord, elle a dit « O.K. », a hoché la tête à nouveau et répété « O.K. » en me regardant avec une intensité, une présence que je ne lui connaissais pas, puis son regard s'est brouillé, je me suis retournée et, le cœur battant, j'ai marché vers le guichet libre contre lequel j'ai appuyé mon corps qui me semblait peser une tonne, que je sentais en nage, près de défaillir. J'ai effectué mon paiement, agrippée au comptoir comme à une bouée de sauvetage, regrettant le pas que je venais de franchir, la peine que je venais de causer à ma mère, souhaitant annuler mon geste, reprendre mes paroles. Ça ne pouvait pas se terminer ainsi, tout de même. La vie est si courte et on n'a qu'une mère.

J'ai quitté le guichet et j'ai cherché ma mère des yeux.

Elle n'était plus là. Elle était partie.

Pourtant, ma transaction avait été très rapide, j'avais même le sentiment d'avoir bousculé un peu la caissière pour que ça aille vite vite, pour pouvoir rattraper ma mère avant qu'elle n'ait réglé ses affaires...

Je sortis de la banque à toute vitesse. Elle marchait si lentement, ma mère, elle ne pouvait pas être bien loin, j'allais la rattraper en moins de deux.

Une fois dans la rue, j'eus du mal à en croire mes yeux : j'avais beau regarder au loin, regarder très attentivement dans tous les sens, ma mère n'y était pas. Ma mère avait disparu.

Un désir intense m'a envahie, alors : disparaître, moi aussi, mourir sur-le-champ, mourir enfin.

Je n'ai jamais revu ma mère vivante.

Le jour où elle est morte, un dimanche après-midi du mois de mars, je me promenais au parc Lafontaine. Il avait fait un temps exécrable pendant des semaines, tempêtes, grésil, grands froids, rafales. Moi qui aime tant marcher un peu chaque jour au grand air, j'avais fait peu de promenades, cet hiver-là, et cela me manquait. J'attendais avec impatience l'après-midi ensoleillé que je passerais à la montagne, au cimetière ou dans un parc à marcher dans la neige toute blanche et la tendre et douce lumière hivernale sans craindre ni le froid ni le vent ni la glace.

Le premier dimanche du mois de mars, enfin, le temps était superbe, et je partis tôt en début d'après-midi, pensant aller d'abord au parc Lafontaine puis à la montagne, faisant peut-être, entre les deux, une petite pause café.

Je crois que je me souviens de chaque minute de ce dimanche après-midi. Je me souviens du trajet entre chez moi et le parc, je me souviens que je me sentais comme si j'empruntais ce chemin pour la première fois : chaque pas me semblait bizarre (un peu comme si je marchais avec les chaussures d'une autre personne), à chaque coin de rue je me sentais dépaysée, j'avais, depuis mon départ de la maison, l'impression très étrange de faire fausse route. Je me souviens du livre qu'il y avait, pour la pause café, dans mon petit sac à dos, je me souviens de la cassette que contenait mon baladeur, je me souviens que cette cassette, que j'aimais pourtant beaucoup et que j'écoutais souvent pour me distraire du bruit des autos lorsque je marchais en ville, n'arrivait pas à me plaire, pendant le trajet vers le parc, et que j'ai fini par fermer le baladeur, un peu déçue de n'avoir pas au moins une autre cassette dans mon sac, un peu maussade, déjà, de me sentir tellement à côté de mes pompes par ce magnifique dimanche après-midi où j'allais marcher enfin au soleil pendant des heures et des heures et me laisser surprendre, tout à coup, comme toujours, et émouvoir par le gazouillis des oiseaux dont le froid nous avait privés pendant des semaines.

Je fis le tour de l'étang gelé où plusieurs patineurs s'en donnaient à cœur joie et trouvai que les haut-parleurs crachaient une musique abrutissante qui me tomba rapidement sur les nerfs.

Je marchai quelque temps dans une autre direction, puis dans une autre, mais le parc entier me semblait déprimant.

Je me promenais enfin sans presse, je flânais comme je ne pouvais pas le faire souvent, il faisait beau et j'étais mal. Au bout d'un moment, je me surpris à me demander ce que je faisais là. Je regardai ma montre : treize heures vingt. Mais comment pouvait-il n'être que treize heures vingt ? Qu'il soit si tôt encore me contraria. J'aurais pourtant dû me réjouir que l'après-midi soit encore si jeune mais j'en fus au contraire profondément déçue, pourquoi, je n'en avais pas la moindre idée, et de ne pas savoir pourquoi j'étais contrariée d'avoir encore tout ce temps devant moi pour me promener tranquillement me rendit franchement mélancolique.

Vraiment, quelque chose n'allait pas.

Je m'assis sur un des rares bancs émergeant de la neige et tentai de me ressaisir un peu. Mais je me rendis bientôt compte qu'une seule pensée occupait mon esprit, ce jour-là, même si depuis le matin j'essayais de la chasser : ma mère. J'étais préoccupée par ma mère.

La veille, j'avais appris que ma mère s'était retrouvée encore une fois, comme c'était le cas presque chaque semaine depuis des mois – très précisément depuis que mon père, du jour au lendemain, avait pris sa retraite –, à l'urgence de l'hôpital. Chaque fois – depuis des mois – qu'elle aboutissait à l'urgence, c'était pour une raison différente, et chaque fois singulière : un jour, ma mère sentait du feu dans sa tête (cancer de la tête ?), un autre, c'était dans les pieds que le feu était à l'œuvre (cancer des pieds ?), une autre fois, elle avait la gorge en feu (cancer), puis la maladie attaqua ses aisselles (cancer des aisselles), puis ma mère cracha du sang (cancer des poumons, bien sûr), puis sa tête allait exploser, puis le mal s'installa dans les organes génitaux, puis dans le nez et les yeux et à nouveau dans les pieds... Cette année-là, une ribambelle de spécialistes l'examina sur toutes les coutures. L'un d'eux finit par lui recommander, suprême injure, de consulter un psychologue. Le comptoir de la cuisine disparaissait peu à peu sous une impressionnante panoplie de bouteilles de toutes sortes, comprimés, gélules, gouttes, onguents, huiles, granules homéopathiques, je n'avais jamais vu autant de médicaments destinés à une seule et même personne. Les mois passaient et le phénomène, loin de se ré-sorber, prenait au contraire de l'ampleur. Les visites à l'urgence étaient devenues chose courante, et personne ne savait plus comment calmer l'anxiété de ma mère qui grandissait de fois en fois – car il y aurait bien une fois, c'était inévitable, où le malaise se révélerait, à la fin du compte, « sérieux » : on an-noncerait à ma mère que son mal était incurable et qu'elle allait bientôt mourir, ou alors elle mourrait là, à l'urgence, ou en route vers l'hôpital, ou avant même d'avoir pu quitter la maison, et on n'aurait même pas le temps de la prévenir qu'elle allait mourir...

C'est en brunchant ensemble, la veille, qu'entre deux gorgées de café ma sœur m'avait informée que ma mère était à l'hôpital. Encore une fois. C'était exaspérant, à la fin, cette ronde incessante de bobos et d'expéditions à l'urgence... Ce qui m'avait troublée, toutefois, c'était la nature du malaise : cardiaque. Le cœur, c'était quelque chose de nouveau, d'insolite. Mais on lui avait fait tous les tests possibles, un cardiologue avait prescrit un médicament et devait la revoir en fin de journée. Je n'étais donc pas inquiète, mais un peu décontenancée, tout de même, par la nature inédite du malaise et, surtout, déçue qu'on la mette en observation : c'était une première qui conférerait au malaise une importance dont ma mère se servirait par la suite comme d'une arme contre son entourage. « Nous sommes cuits, ai-je dit à ma sœur, à la moindre contrariété, désormais, elle brandira la menace d'une crise cardiaque et nous rappellera son "hospitalisation". C'est un précédent qui lui donnera encore plus de pouvoir sur nous... »

En rentrant chez moi, j'avais téléphoné à l'hôpital et demandé un bilan de la situation. On m'avait rassurée : tout était sous contrôle, le médicament faisait effet, ma mère se reposait, un cardiologue allait la revoir à la fin de la journée, je pouvais rappeler plus tard, si je le souhaitais, peut-être saurait-on alors si on lui donnait son congé ou s'il valait mieux la garder encore un peu en observation.

J'avais donc rappelé en fin de soirée. On m'avait raconté sensiblement la même chose : le médicament faisait effet, ma mère se reposait, le cardiologue était passé, on la gardait pour bien stabiliser son état, oui tout était sous contrôle, non il n'y avait pas de raison de s'inquiéter, elle était entre bonnes mains, non le moins de visites possibles, d'ailleurs le mieux était qu'elle se repose, mon père était rentré à la maison, je pouvais

174

rappeler le lendemain matin si je le souhaitais, le cardiologue l'aurait revue et nous saurions alors si on lui donnait son congé...

Le matin, en me levant, j'allai encore une fois aux nouvelles. Il n'y avait rien de changé. Ma mère avait passé une bonne nuit. Le mieux était d'ailleurs qu'elle dorme, car dès qu'elle s'éveillait, l'anxiété s'emparait d'elle et cela nuisait à son rétablissement. L'infirmière, avec beaucoup de tact, essaya de me faire un portrait de ma mère afin que je saisisse mieux la difficulté : « Vous savez, dit-elle très doucement, votre mère est une personne très anxieuse. Très prompte, aussi. Elle s'énerve à rien. Elle est très difficile à soigner. Elle nous donne du fil à retordre. Il faudrait qu'elle se calme, ça l'aiderait. Mais elle n'accepte pas d'être ici, elle est en colère contre tout le monde. Elle dit à votre père que c'est sa faute si elle se retrouve à l'hôpital, elle dit que c'est à cause de lui qu'elle va mourir. Elle veut fumer. Elle veut s'en aller. C'est une personne autoritaire, elle s'agite, elle élève la voix, elle donne des ordres. Il faut la forcer à rester tranquille. Si elle réussit à se reposer, ça va nous aider à la stabiliser, vous comprenez ? » Je comprenais très bien, très très bien. Et je voulais savoir, avant de raccrocher, si on considérait son état comme sérieux et si ce serait une bonne chose que j'aille la voir. « Nous la gardons en observation tant qu'elle ne sera pas stabilisée, me répondit-on. Le cardiologue la verra à nouveau cet après-midi. Il est préférable de limiter les visites. Il faut qu'elle se repose. D'ailleurs, nous avons demandé à votre père, qui est venu la voir, tout à l'heure, de rentrer chez lui pour l'instant. Il reviendra plus tard. Ça ne sert à rien de la regarder dormir. Et puis, quand elle se réveille et qu'il y a quelqu'un, elle veut parler, elle s'agite, elle s'énerve. S'il n'y a personne, elle se rendort plus facilement. » J'informai l'infirmière de mon intention de m'absenter quelques heures et lui demandai ce qu'elle en pensait : était-ce « risqué » d'aller me promener, serait-il plus prudent qu'on puisse me rejoindre à tout moment ?

Il n'y avait aucune raison de rester assise à la maison à côté du téléphone.

Je prévoyais donc rappeler vers dix-sept heures. On m'avait dit que le cardiologue, à cette heure-là, aurait revu ma mère et qu'on aurait réévalué la situation.

Je regardai l'heure : treize heures trente.

J'eus soudain envie d'aller quand même à l'hôpital.

Puis je pensai : non, je me sens simplement coupable de ne pas faire ce que j'imagine qu'on attend de moi. J'ai peur qu'il se passe quelque chose de grave précisément en mon absence – même si on m'a dit qu'il n'y avait pas de raison de m'inquiéter. Elle doit dormir. Je me sens coupable de ne pas aller la regarder dormir ? Mais si elle s'éveille, elle sera peut-être contente de me voir là... Grands dieux, quelle naïve incorrigible... Si elle s'éveille, elle me traitera probablement comme elle traite tout le monde à son chevet : elle passera sa mauvaise humeur sur moi, elle me reprochera Dieu sait quoi, elle m'aura au chantage affectif, elle me fera pleurer et regretter d'y être allée.

Je repris ma promenade en tassant bien au fond de ma tête les soucis qui, très certainement, étaient superflus, et je tentai de me concentrer sur la lumière, les oiseaux, la neige amoncelée en dunes comme le sable dans les déserts. À ma montre : treize heures trente-deux. Treize heures trente-deux ? Peut-être la pile était-elle en train de rendre l'âme, et les aiguilles n'avançaient plus que d'une seconde par-ci par-là, et bientôt elles ne bougeraient plus du tout. Je demandai l'heure à un passant : « Treize heures trente... et une, exactement ! »

Moi qui courais toujours après du temps, une petite heure, dix minutes, j'avais l'impression que le temps était resté, comme on dit, « suspendu » quelque part, stagnait, n'avançait plus, et moi je m'y enlisais. Pour faire diversion, je remis les écouteurs sur mes oreilles et fis jouer mon baladeur : lorsque la face A serait terminée, trente minutes seraient passées, pas une de moins, impossible. Je sortis du parc. Mieux valait sans doute changer d'environnement. Je traversai la rue et me surpris à regarder ma montre encore une fois – une vraie obsession. Il n'était que treize heures trente-trois. Cela me donna la nausée, tout à coup, et je retirai ma montre, la fourrai dans la poche de mon manteau, décidée à rentrer.

À quelques coins de rue de chez moi, je m'arrêtai toutefois dans un café, le dernier sur mon chemin. En plus d'un café, je commandai un carré de chocolat, ultime effort pour adoucir cet après-midi, l'alléger un peu. Je me rappelle même que la patronne apporta le plateau en disant « Vous me semblez bien triste, aujourd'hui... Tenez, le chocolat, c'est moi qui l'offre » et que j'eus du mal à lui rendre son beau sourire.

J'ai siroté mon café, croqué dans mon chocolat, picoré dans mon livre.

Je me suis forcée à rester là et à lire comme si ça allait, comme si tout allait bien – pourquoi, je l'ignore. J'aurais pu tout aussi bien rentrer chez moi, me coucher. Mais je suis restée assise là jusqu'à ce que la patronne fasse de la lumière et me demande si je voulais un autre café. Alors, je me suis levée et j'ai repris la route.

Lorsque je suis arrivée chez moi, le voyant rouge du répondeur clignotait.

Ma mère était morte.

Ma mère est décédée à l'heure précise où je quittais le café.

Le rapport d'autopsie indique dix-sept heures. Mais ce n'est pas tout à fait exact. À dix-sept heures, je rentrais chez moi et me dirigeais vers le téléphone pour prendre des nouvelles de ma mère.

Mais ma mère était déjà morte.

L'homme crie « Au loup ! Au loup ! », on se précipite à son secours, il n'y a pas de loup, et ça recommence, ça recommence, l'homme crie « Au loup ! Au loup ! », et un jour l'homme crie encore au loup mais on ne se précipite plus vers l'homme, on sait qu'il n'y a pas de loup, et ce jour-là, bien sûr – on connaît l'histoire – il y a un loup et l'homme meurt attaqué par le loup, seul avec le loup.

Chaque jour, depuis que son cœur a lâché, je me demande si ma mère a vu la mort venir, si elle était consciente jusqu'à la fin, ce qu'elle a ressenti quand ça s'est passé, je me demande ce qu'on ressent quand survient un œdème pulmonaire aigu, je me demande ce qu'on ressent quand on meurt.

Je me demande si elle a eu conscience qu'elle était seule, complètement seule.

Avec le loup.

Avec le loup, seule.

J'aimerais avoir le souvenir de ma mère dans mes bras, quittant la vie non pas seule mais dans mes bras, sa tête appuyée contre mon épaule, son corps abandonné à mes bras, bercé dans mes bras, doucement, paisiblement.

C'est étrange comme on formule les choses, parfois.

Lorsque j'ai aperçu ma mère dans son cercueil, j'ai pensé : je voudrais la prendre dans mes bras une fois encore, une dernière fois la serrer dans mes bras, une dernière fois me blottir contre elle. Pourtant, je n'ai aucun souvenir d'une *première* fois. Et pourtant, c'est bien ce que j'ai souhaité, c'est ce que j'ai ressenti : l'envie, le besoin de prendre ma mère dans mes bras une dernière fois avant qu'on ne referme sur elle le couvercle du cercueil.

Ce n'est qu'avec le temps, avec l'absence, prolongée, définitive, que m'est venue, ou plutôt que m'est revenue la conviction – car je l'avais déjà eue, mais la mort de ma mère a plongé mon cœur et mon esprit dans la brume – qu'au fond il n'y avait jamais eu vraiment de présence, de proximité, que la mort de ma mère mettait seulement un point final à une longue tentative d'apprivoisement, de rapprochement, qui resterait désormais vaine, impossible à tout jamais. Jamais ma mère ne me prendrait dans ses bras, jamais elle ne m'aura laissée la serrer contre moi.

Il n'y a pas eu de première fois. Il n'y a pas eu de dernière fois. Mais j'éprouve encore aujourd'hui, quand je pense à ma mère, ce désir de la serrer dans mes bras « une dernière fois », le regret de n'avoir pas pu prendre ma mère dans mes bras au moment de sa mort. Comme si se dire adieu correctement, quoi qu'on ait vécu ou qu'il nous ait été impossible de vivre, s'avérait plus impératif encore, plus essentiel que d'arriver à ouvrir ses bras pendant qu'il serait encore temps de vivre de bons moments ensemble. Comme si, peut-être, le plus important restait une forme de pardon, de compassion, une sorte de réconciliation avec ce qu'a été le lien, la décision d'aimer *malgré tout*.

Dernièrement, un collègue qui me demandait « Écris-tu, en ce moment ? » a été surpris d'apprendre que je travaillais à un texte intitulé « Ma mère et Gainsbourg ». « Ta mère ? Gainsbourg ? Mais qu'est-ce qu'ils ont à voir ensemble ? » m'a demandé mon collègue d'un air pensif. Puis ses yeux ont brillé et il s'est risqué à ajouter, tout bas : « Ils ont eu une histoire d'amour ? C'est une histoire d'amour ? »

J'avoue que j'étais époustouflée. Ma mère et Gainsbourg ! Ma « vieille » mère et Gainsbourg... J'ai failli éclater de rire.

Mais je n'ai pas eu le temps, des chiffres m'ont aussitôt zébré l'esprit : entre la naissance de ma mère et celle de Gainsbourg, il n'y a que deux années d'écart. Je n'y avais jamais pensé : ils sont de la même génération, ces deux-là. Donc, ils auraient pu, en effet... D'ailleurs, cela ne m'avait jamais effleuré l'esprit non plus, mais Gainsbourg a exactement l'âge de mon père. Intéressant. Intéressant aussi le fait qu'entre la mort de Gainsbourg et celle de ma mère il y ait à nouveau un intervalle de deux ans.

Ma mère est morte le premier dimanche de mars.
Gainsbourg ? Même chose.

À la question de mon collègue j'ai répondu non, mais j'aurais pu, j'aurais peut-être dû dire oui, c'est une histoire d'amour. Au fond, ce que je raconte est bel et bien une histoire d'amour. Déçu, impossible, raté, mais toutes les histoires d'amour ne sont pas follement heureuses. Bien au contraire. La plupart des histoires d'amour racontent un amour contrarié, ou trahi, ou triste.

Ma mère et Gainsbourg, c'est une image d'amour impossible qui point contre toute attente, qui déjoue les pronostics, la logique, la vraisemblance.

Ce n'est pas avec Gainsbourg que je m'attendais à voir arriver ma mère face à face en mettant les pieds dans son paradis, eux si différents l'un de l'autre, Gainsbourg tellement plus près de moi que de ma mère, ma mère si loin de Gainsbourg. Et pourtant, c'est ce qui s'est passé. Allez savoir pourquoi. (Mais nous savons bien pourquoi, au fond. S'agit de se concentrer trente secondes. Le docteur Freud ne dirait-il pas que... blablabla... et dans la vision que j'ai eue de ma mère arrivant en paradis, je lui ai « choisi » ce face à face étonnant parce que blablabla et parce que oui, bien sûr, Gainsbourg c'est – au fond, un peu, symboliquement, peut-être, carrément – moi.) Et voilà que l'image apaisante Gainsbourg-la mère-cigarette s'étoffe, s'épaissit, prend du relief.

Quelque chose fait d'un seul coup saillie, se détache sur un fond de cartons, valises, fauteuil, pantoufles en phentex au motif de damier et jeans savamment effilochés, la cigarette poursuit son étonnant aller-retour dans le calme, une sorte de bonheur tranquille fait de tolérance réciproque, les pantoufles tricotées et les jeans effrangés se rejoignent et se soutiennent dans leur petit vice commun, et la petite dépendance partagée crée de la connivence.

L'image comporte maintenant des différences de profondeur et la perception change : ma mère était contour, Gainsbourg, tache, et voilà que ma mère et Gainsbourg avancent et reculent tour à tour, saillie, creux, et on peut lire l'image comme du braille.

Chacun peut la lire.
À chacun de la traduire en clair.
Je ne veux pas trop fouiller et complètement éclairer cette scène d'une lumière grêle. J'ai besoin encore d'un peu d'ombre et de brume.

Un jour, quand j'aurai dit oui du fond du cœur à cette image de ma mère et Gainsbourg, le ciel finira de s'éclaircir, je serai libérée totalement, détachée de tout. Tout sera normal, naturel, la maladie, la souffrance, la mort, plus rien ne m'apparaîtra absurde, obscène, impossible, ni la naissance, ni les inégalités qui sont le lot de la vie, ni le néant ni l'infini, ni la fin de l'amour ni celle des amitiés. Les liens entre les choses, entre les gens, l'absence de liens entre les choses, entre les gens me sembleront aller de soi. Je serai pour toujours apaisée, profondément. Légère et prête à tout.
Mais je n'en suis pas là. Pas encore.

Je dis « ma mère et Gainsbourg » : j'ai eu cette image, quelques jours à peine après la mort de ma mère.
Je dis « ma mère et Gainsbourg » *parce que* j'ai eu cette image, ma mère et Gainsbourg ensemble.
Pourtant, cette rencontre est étonnante, farfelue, avait peu de chances d'avoir lieu. Et ma mère et Gainsbourg, depuis ce moment, se côtoient. Pacifiquement. Comme si, de toute éternité, ils s'étaient souvent retrouvés côte à côte, dans une sorte

de connivence tacite, de tolérance mutuelle, et qu'ils avaient appris à apprécier la présence tranquille de l'autre à leurs côtés quand ils tirent doucement sur leur cigarette, absorbés, perdus dans leurs pensées (les plus secrètes).

J'aime assez cette image, tout compte fait. Elle a vraiment quelque chose de réconfortant. Comme si parler de ce qui n'existe pas (pas tout à fait) pouvait réconcilier un peu avec ce qui n'existe pas.

J'aime cette image, mais j'aimerais aussi en avoir une autre. Tout aussi surprenante, aussi forte, plus forte, même, oui, plus saisissante encore.

Je dis « ma mère et Gainsbourg » parce que j'ai eu cette image-là.
Ce que j'aimerais dire, au fond, c'est : ma mère et moi.

Je t'aime.
Moi aussi.

(Combien gros ?
Gros comme le ciel.)

Quelques pages de ce récit ont fait l'objet d'une prépublication, sous une forme légèrement différente, dans le numéro 41 des revues *XYZ* et *Le Sabord* en1995 et dans le numéro 47 de la revue *XYZ* en1996.

Romans parus à L'instant même :

La complainte d'Alexis-le-trotteur de Pierre Yergeau
L'homme à qui il poussait des bouches de Jean-Jacques Pelletier
Les étranges et édifiantes aventures d'un oniromane de Louis Hamelin
Septembre en mire de Yves Hughes
Suspension de Jean Pelchat
L'attachement de Pierre Ouellet
1999 de Pierre Yergeau
Le Rédempteur de Douglas Glover
Un jour, ce sera l'aube de Vincent Engel (en coédition avec Labor)
Raphael et Lætitia de Vincent Engel (en coédition avec Alfil)
Les cahiers d'Isabelle Forest de Sylvie Chaput
Le chemin du retour de Roland Bourneuf
L'écrivain public de Pierre Yergeau
Légende dorée de Pierre Ouellet
Un mariage à trois de Alain Cavenne
Ballade sous la pluie de Pierre Yergeau
Promenades de Sylvie Chaput
La vie oubliée de Baptiste Morgan (en coédition avec Quorum)
La longue portée de Serge Lamothe
La matamata de France Ducasse
Les derniers jours de Noah Eisenbaum de Andrée A. Michaud
La cour intérieure de Christiane Lahaie

Nouvelles :

Parcours improbables de Bertrand Bergeron
Ni le lieu ni l'heure de Gilles Pellerin
Mourir comme un chat de Claude-Emmanuelle Yance
Nouvelles de la francophonie de l'Atelier imaginaire
    (en coédition avec l'Âge d'Homme)
L'araignée du silence de Louis Jolicœur
Maisons pour touristes de Bertrand Bergeron
L'air libre de Jean-Paul Beaumier
La chambre à mourir de Maurice Henrie
Ce que disait Alice de Normand de Bellefeuille
La mort exquise de Claude Mathieu
Circuit fermé de Michel Dufour
En une ville ouverte, collectif franco-québécois
    (en coédition avec l'Atelier du Gué et l'OFQJ)
Silences de Jean Pierre Girard
Les virages d'Émir de Louis Jolicœur
Mémoires du demi-jour de Roland Bourneuf
Transits de Bertrand Bergeron
Principe d'extorsion de Gilles Pellerin
Petites lâchetés de Jean-Paul Beaumier
Autour des gares de Hugues Corriveau
La lune chauve de Jean-Pierre Cannet
(en coédition avec l'Aube)
Passé la frontière de Michel Dufour
Le lever du corps de Jean Pelchat
Espaces à occuper de Jean Pierre Girard
Saignant ou beurre noir ? recueil collectif
Bris de guerre de Jean-Pierre Cannet et Benoist Demoriane
    (en coédition avec Dumerchez)
Je reviens avec la nuit de Gilles Pellerin
Nécessaires de Sylvaine Tremblay
Tu attends la neige, Léonard ? de Pierre Yergeau
La machine à broyer les petites filles de Tonino Benacquista
    (en coédition avec Rivages)

Détails de Claudine Potvin

La déconvenue de Louise Cotnoir

Visa pour le réel de Bertrand Bergeron

Meurtres à Québec, recueil collectif

Légendes en attente de Vincent Engel

Nouvelles mexicaines d'aujourd'hui (traduit de l'espagnol et présenté
     par Louis Jolicœur)

L'année nouvelle, recueil collectif
     (en coédition avec Canevas, Les Éperonniers et Phi)

Léchées, timbrées de Jean Pierre Girard

La vie passe comme une étoile filante, faites un vœu
     de Diane-Monique Daviau

L'œil de verre de Sylvie Massicotte

Chronique des veilleurs de Roland Bourneuf

Gueules d'orage de Jean-Pierre Cannet et Ralph Louzon
     (en coédition avec Marval)

Courants dangereux de Hugues Corriveau

Le récit de voyage en Nouvelle-France de l'abbé peintre

Hugues Pommier de Douglas Glover (traduit de l'anglais par Daniel
     Poliquin)

L'attrait de Pierre Ouellet

Cet héritage au goût de sel de Alistair MacLeod (traduit de l'anglais
     par Florence Bernard)

L'alcool froid de Danielle Dussault

Ce qu'il faut de vérité de Guy Cloutier

Saisir l'absence de Louis Jolicœur

Récits de Médilhault de Anne Legault

Аэлита / Aélita de Olga Boutenko (édition bilingue russe-français)

La vie malgré tout de Vincent Engel

Théâtre de revenants de Steven Heighton (traduit de l'anglais par
     Christine Klein-Lataud)

N'arrêtez pas la musique ! de Michel Dufour

Et autres histoires d'amour... de Suzanne Lantagne

Les hirondelles font le printemps de Alistair MacLeod (traduit de
     l'anglais par Florence Bernard)

Helden / Héros de Wilhelm Schwarz (édition bilingue allemand-français)

Voyages et autres déplacements de Sylvie Massicotte

Femmes d'influence de Bonnie Burnard

Insulaires de Christiane Lahaie

On ne sait jamais de Isabel Huggan (traduit de l'anglais par Christine Klein-Lataud)

Attention, tu dors debout de Hugues Corriveau

Ça n'a jamais été toi de Danielle Dussault

Verre de tempête de Jane Urquhart (traduit de l'anglais par Nicole Côté)

Solistes de Hans-Jürgen Greif

Haïr ? de Jean Pierre Girard

Trotski de Matt Cohen (traduit de l'anglais par Daniel Poliquin)

L'assassiné de l'intérieur de Jean-Jacques Pelletier

Regards et dérives de Réal Ouellet

Traversées, collectif belgo-québécois (en coédition avec Les Éperonniers)

Revers de Marie-Pascale Huglo

La rose de l'Érèbe de Steven Heighton (traduit de l'anglais par Christine Klein-Lataud)

Déclarations, collectif belgo-québécois (en coédition avec Les Éperonniers)

Dis-moi quelque chose de Jean-Paul Beaumier

Circonstances particulières, recueil collectif

La guerre est quotidienne de Vincent Engel (en coédition avec Quorum)

Toute la vie de Claire Martin

Le ramasseur de souffle de Hugues Corriveau

Essais :

Le genre de la nouvelle dans le monde francophone au tournant du XXIᵉ siècle, sous la direction de Vincent Engel (en collaboration avec Phi et Canevas)

Québec : des écrivains dans la ville, collectif, narration générale de Gilles Pellerin (en coédition avec le Musée du Québec)

Robert Lepage : quelques zones de liberté de Rémy Charest (en coédition avec Ex Machina)

La sirène et le pendule : attirance et esthétique en traduction littéraire de Louis Jolicœur

Nous aurions un petit genre : publier des nouvelles de Gilles Pellerin

Venir en ce lieu de Roland Bourneuf

La littérature fantastique et le spectre de l'humour de Georges Desmeules

Récits d'une passion : florilège du français au Québec de Gilles Pellerin

La recherche de l'histoire de Pierre Yergeau

Collection « Connaître »

Les classiques québécois de Georges Desmeules et Christiane Lahaie

Littérature et peinture de Roland Bourneuf

Les personnages du théâtre québécois de Georges Desmeules et Christiane Lahaie

ACHEVÉ D'IMPRIMER
EN JUIN 1999
SUR LES PRESSES DE AGMV-MARQUIS
MONTMAGNY, CANADA